Best tips ever!

Feel good & enjoy

VOR ORT
INGRID SCHRAM

STADT
NEW YORK

BERUF & ARBEIT
ARBEITET FÜR EIN TECHUNTERNEHMEN AN DER WALL STREET

Ingrid lebt schon lange in New York. Sie zeigt Freunden und Familie gern die Stadt, besonders Orte abseits der Massen. In Brooklyn, inmitten von Grünanlagen und brownstones, fühlt sie sich am wohlsten. An den Wochenenden entdeckt sie gern neue Restaurants, oder sie geht mit Mann und Hund Maplein im Brooklyn Bridge Park spazieren.

PRAKTISCHE INFOS

Auf den sechs Routen in diesem Buch kannst du zu Fuß und in deinem eigenen Tempo die schönsten Viertel der Stadt erkunden. Die Routen führen vorbei an Museen und Sehenswürdigkeiten und zeigen dir, wo du besonders gut essen und trinken, einkaufen, genießen und Schönes entdecken kannst. Auf der Übersichtskarte vorn im Buch siehst du, durch welche Viertel die Routen führen. Jede Route ist zu Beginn des jeweiligen Kapitels auf einem Stadtplan eingezeichnet. Auch alle Adressen sind auf der Karte vermerkt. Die farbigen Punkte zeigen dir, um welche Art von Adresse es sich handelt (siehe Legende unten). Weiter hinten im Kapitel wird jede Adresse ausführlich beschrieben. Wenn du die beschriebenen Adressen nur kurz besuchst, brauchst du maximal drei Stunden für eine Route. Die Streckenlänge in Kilometern steht oben in der Routenbeschreibung.

PREISE

Damit du eine Vorstellung von den Restaurantpreisen bekommst, steht bei den Adressenangaben immer eine Preisangabe. Wenn nicht anders angegeben, gibt der Betrag den Durchschnittspreis für ein Hauptgericht an. Die Eintrittspreise von Sehenswürdigkeiten sind Normaltarife.

NEW YORK UND SEINE FÜNF STADTTEILE

Wenn du New York City zum ersten Mal besuchst, denkst du vielleicht nicht daran, dass die Stadt aus fünf *boroughs* (Bezirken) besteht: The Bronx, Brooklyn, Manhattan, Queens und Staten Island.

The Bronx befindet sich ganz im Norden von New York City. Hier lebt eine große hispanische Gemeinschaft und der Stadtteil ist für die Hip-Hop-Szene bekannt,

LEGENDE

- >> SEHENSWÜRDIGKEITEN
- >> ESSEN & TRINKEN
- >> SHOPPEN
- >> FREIZEITTIPPS

DAS BESTE VON NEW YORK IN 6 ROUTEN

HAPPY TIME GUIDE NEW YORK

Verlasse dein Hotel und gehe direkt zu den schönsten Vierteln der Stadt. Entdecke die neuesten Restaurants, den besten Kaffee und das besondere lokal gebraute Bier. Im **happy time guide** teilen unsere einheimischen Autorinnen und Autoren voller Begeisterung die echten Highlights der Stadt mit dir. So umgehst du die quirligen Haupteinkaufsstraßen und gelangst zu den schönsten Adressen, immer wieder unterbrochen von einem Zwischenstopp bei einer Sehenswürdigkeit. Genieße jede Sekunde und mache das Beste aus deiner Städtereise.

AUF NACH NEW YORK!

Natürlich ist der Big Apple bekannt für seine Wolkenkratzer, gelben Taxis und berühmten Wahrzeichen wie den Times Square, das Metropolitan Museum of Art, das 9/11 Memorial und den Central Park. Aber vor allem die vielen Stadtteile, die alle ihren eigenen Charakter und ihre eigene Atmosphäre haben, machen New York zu einer so inspirierenden Stadt. Von den historischen Brooklyn Heights bis zur hippen *shopping hood* SoHo, vom Meatpacking District mit seinem pulsierenden Nachtleben bis zum kreativen Williamsburg findet sich für jeden das passende Viertel. Wo du die besten Adressen findest, zeigen wir dir.

Mit dem **happy time guide** kannst du bummeln, die Stadt in deinem eigenen Tempo erkunden und den lokalen Lifestyle kennenlernen – ohne dich groß vorzubereiten. Unsere Routen führen dich zu beliebten Restaurants, Cafés, Museen, Galerien, Geschäften und Sehenswürdigkeiten: die Orte in der Stadt, die wir selbst gern besuchen und genießen. Es könnte also sein, dass wir uns zufällig treffen.

Keine der Adressen, die wir beschreiben, haben für die Erwähnung bezahlt, weder für den Text noch für die Bilder. Sämtliche Texte wurden von einer unabhängigen Redaktion verfasst.

die sich hier entwickelt hat. Berühmte Orte sind das Yankee-Stadion und der Botanische Garten.

Brooklyn ist weitaus bekannter und wird in diesem Führer ausführlich behandelt. Ursprünglich ein Industrie- und Arbeiterviertel, war Brooklyn in den 1970er-Jahren nicht gerade sicher. Alte Lagerhallen wurden inzwischen in Luxuslofts und Galerien umgewandelt, aber du findest hier auch wunderschöne klassische *brownstones*.

Manhattan ist natürlich am bekanntesten. Es hat 1,6 Millionen Einwohner und strotzt nur so vor Energie. Hoch aufragende Wolkenkratzer, gelbe Taxis, Broadway-Shows, das ist es, was dich hier erwartet. Manhattan besteht aus vielen kleineren Vierteln, die du mit diesem Reiseführer ausgiebig erkunden kannst.

Queens ist der größte Stadtbezirk. Es ist zwar nicht gerade eine Touristenattraktion, aber es gibt durchaus unterhaltsame Dinge zu erleben. Du kannst ein Spiel im Citi Field, dem Heimatstadion von The Mets, besuchen oder einen Nachmittag

durch Long Island City schlendern. Staten Island ist den meisten Touristen durch die kostenlose Fähre bekannt. Von dort aus hat man einen tollen Blick auf die Freiheitsstatue. In der Nähe des Terminals kannst du das 9/11-Memorial besuchen. Außerdem lässt sich in den Empire Outlets gut shoppen.

AMERIKANISCHE BRÄUCHE

New Yorker gehen gern auswärts essen. Du kannst aus über 26000 Restaurants wählen. Die meisten New Yorker essen zwischen 19.00 und 21.00 Uhr zu Abend. Eine Reservierung ist oft nicht nötig, aber an den Wochenenden ratsam. In sehr beliebten Restaurants trägt man sich beim Betreten in eine Warteliste ein und wartet dann, bis ein Tisch frei wird. In gehobeneren Restaurants ist eine Reservierung sowohl für das Mittag- als auch für das Abendessen erforderlich. Rufe vorher am besten an.
Wenn du die Rechnung bekommst, wirst du feststellen, dass auf den Preis noch ein Steuerzuschlag erhoben wird. In New York liegt der Satz bei 8,875 Prozent, und ein Trinkgeld von 18 bis 20 Prozent ist üblich. Hierzu eine praktische Faustregel: Verdoppele den Betrag hinter „tax" auf der Quittung und gib diesen Betrag

als Trinkgeld. In New York gibt man immer ein Trinkgeld, unabhängig von der Qualität der Dienstleistung. In vielen Restaurants ist das „Trinkgeld" von 20 Prozent bereits automatisch auf die Rechnung aufgeschlagen, wenn du mit einer Gruppe von mindestens fünf Personen unterwegs bist. Lies immer das Kleingedruckte auf der Speisekarte und kontrolliere alles, vor allem wenn du mit einer großen Gruppe unterwegs bist, um das Trinkgeld nicht doppelt zu zahlen.
Hinweis: In den meisten Bars und Cafés musst du mindestens 21 Jahre alt sein. Vergiss nicht, den Ausweis mitzunehmen, da du immer danach gefragt wirst.

Beim Kauf von Kleidung und Schuhen zahlst du etwa 4,5 Prozent Steuern. Dieser Betrag ist oft nicht auf dem Preisschild angegeben. Für andere Produkte wie Kosmetika und Haushaltsartikel wird ein Steuerzuschlag von 8,8 Prozent erhoben. Für ein Hotelzimmer zahlst du 14,75 Prozent extra an Steuern.

FESTIVALS UND VERANSTALTUNGEN

Das ganze Jahr über gibt es in New York gute Festivals und Veranstaltungen.

St. Patrick's Day – 17. März (*nycstpatricksparade.org*)
Um 11.00 Uhr startet die St. Patrick's Day Parade auf der 44th Street & 5th Avenue.

Sakura Matsuri Festival – meist Ende April (*bbg.org*)
Das Kirschblütenfest im Brooklyn Botanic Garden

Five Boro Bike Tour – meistens Anfang Mai (*bike.nyc*)
Eine Fahrradtour durch die fünf Stadtbezirke von New York City

NYC Pride March – Juni (*nycpride.org*)
Der größte *pride march* der Welt

Macy's 4th of July Fireworks – 4. Juli (*macys.com*)
Eine magische Feuerwerksshow mit Auftritten berühmter Künstler

Tribeca Film Festival – in der Regel im Juni (*tribecafilm.com*)
Amerikas berühmtestes Filmfestival, das u. a. von Robert de Niro gegründet wurde

Mermaid Parade – um den 21. Juni (*coneyisland.com*)
Farbenfrohe Parade in Brooklyn, Coney Island

Bric Celebrate Brooklyn Festival – Sommer (*bricartsmedia.org*)
Ein bekanntes Kunst- und Musikfestival unter freiem Himmel seit 1979

Central Park Summer Stage – Sommer (*centralpark.com*)
Kostenlose Konzerte, von Klassik bis Pop, an Sommerabenden im Central Park

Shakespeare in the Park – Sommer (*centralpark.com*)
Theateraufführungen während der Sommermonate im Central Park

San Gennaro Festival – September (*sangennaronyc.org*)
Ein italienisch-amerikanisches Fest mit vielen italienischen Köstlichkeiten

NYC Marathon – November (*nyrr.org*)
Eines der größten Laufereignisse in Amerika

Macy's Thanksgiving Parade – vierter Donnerstag im November (*macys.com*)
Parade mit Festwagen und Ballons, organisiert vom Kaufhaus Macy's

FEIERTAGE

Neben dem variablen Feiertag Karfreitag gibt es in den Vereinigten Staaten folgende nationale Feiertage:

New Year's Day > 1. Januar
Martin Luther King Jr. Day > dritter Montag im Januar
President's Day > dritter Montag im Februar
Memorial Day > letzter Montag im Mai
Independence Day > 4. Juli
Labor Day > erster Montag im September
Columbus Day > zweiter Montag im Oktober
Veterans Day > 11. November
Thanksgiving > vierter Donnerstag im November
Weihnachten > 25. Dezember

HAST DU NOCH TIPPS?

Wir haben diesen Reiseführer mit größtmöglicher Sorgfalt zusammengestellt. Das Angebot an Läden und Restaurants wechselt in New York jedoch fortwährend. Wir sind bemüht, die Routen und Adressen auf dem aktuellen Stand zu halten und überarbeiten diesen Reiseführer regelmäßig. Wenn du trotzdem eine Adresse nicht mehr finden kannst oder andere Anmerkungen oder Tipps zu diesem Reiseführer hast, dann lass es uns wissen. Schreib uns eine Mail an lektorat@verlagshaus.de.

VERKEHR

FLUGZEUG

Die direkteste Art, zum und vom Flughafen zu reisen, ist mit dem Taxi. Eine Fahrt vom **John F. Kennedy Airport** (JFK) dauert je nach Verkehrslage etwa 40–60 Minuten. Der Pauschalpreis für Fahrten nach Manhattan beträgt $ 52–57 (ohne Maut). Für die anderen Stadtbezirke zahlst du $ 38–65. Wer am Flughafen

5H22
710

Newark in New Jersey ankommt, sollte ebenfalls 40–60 Minuten Fahrtzeit einplanen. Eine Taxifahrt kostet $ 50–75 (ohne Maut). Von Manhattan nach Newark zahlst du das, was auf dem Zähler steht, plus $ 17,50 Zuschlag. Landest du am Flughafen **LaGuardia** in Queens, dauert die Fahrt nach Manhattan 20–40 Minuten. Von hier aus kostet das Taxi $ 20–35. Es ist üblich, dem Fahrer ein Trinkgeld von 15–20 Prozent zu geben.

Billiger ist ein **Shuttle-Service** wie Go Airlink NYC (www.goairlinkshuttle.com) oder SuperShuttle (www.supershuttle.com). Dieser kostet $12–23 pro Person.

Der **Bus M60** bringt dich von LaGuardia nach Manhattan. Von Newark aus gelangst du mit dem **Airtrain** und dem Zug in 45 Minuten und für $ 12 zur Penn Station in Midtown. Am JFK kannst du den Airtrain zur Howard Beach Station der Metro A oder zur Jamaica Station nehmen, wo die Linie E hält.

METRO

In New York ist die Metro das schnellste Transportmittel. Sie ist in der Regel sauber und sicher. Für die Metro brauchst du eine MetroCard, die als Einzelfahrschein ($ 2,75), *Pay-Per-Ride*-Karte (abgerechnet wird jede einzelne Fahrt) oder Karte für einen begrenzen Zeitraum angeboten wird. Die *Pay-Per-Ride*-Karte funktioniert mit einem Guthaben (maximal $ 80), bei der du Gratisfahrten bekommst, wenn du $ 10 oder mehr auflädst. Zeitkarten gibt es in zwei Varianten: als 7-Tage-Karte ($ 33) und als 30-Tage-Karte ($ 127). In dieser Zeit kannst du unbegrenzt fahren, jeweils eine Person pro Fahrt. Nach der Benutzung ist die Karte am Einsteigbahnhof bzw. auf der gerade genommenen Buslinie für 18 Minuten gesperrt, bevor sie wieder genutzt werden kann. Seit 2020 kannst du mit der elektronischen OMNY-Zahlungsmethode kontaktlos mit deiner Bankkarte oder Telefon/Uhr bezahlen. Hierbei bezahlst du pro Fahrt.

Metro-Stationen tragen den Namen der Straße, an der sie liegen. Einige Stationen haben praktischerweise eigene Eingänge zur Metro in nördliche (*uptown*) oder südliche (*downtown*) Richtung. Auf allen Stationen finden sich Metro-Pläne und eventuell Fahrplanänderungen. An Wochenenden finden oft Arbeiten statt und es gelten dann angepasste Fahrpläne. Siehe auch *www.mta.info*.

TAXI

Taxis gibt es in New York mehr als genug. Hebe die Hand und meist hält dann gleich ein Taxi. Taxis sind frei, wenn die Nummer auf dem Dach leuchtet. Leuchten die Wörter *off duty*, dann hat der Fahrer seine Schicht beendet. Leuchtet kein Licht, dann ist das Taxi besetzt. Wenn du dem Taxifahrer sagst, wohin du willst, ist es hilfreich, die Querstraßen zu nennen, z. B. 52nd Street, zwischen 1st und 2nd.

Bis zu vier Fahrgäste sind in einem Taxi erlaubt, und der Durchschnittspreis für eine 5-Kilometer-Fahrt beträgt je nach Verkehr und Tageszeit $ 7–11. Das Trinkgeld beträgt etwa $ 1 oder bei einem höheren Fahrpreis 15 bis 20 Prozent. Du kannst bar oder mit Karte bezahlen. Bei Zahlung mit der Kreditkarte schlägt das Bezahlgerät dir ein Trinkgeld vor. Frage nach der Quittung. Darauf steht die Taxinummer. Das ist praktisch, wenn es ein Problem gibt oder du etwas im Taxi liegen lässt. Natürlich kannst du in New York auch Dienste wie Uber oder Lyft nutzen.

FÄHRE

Mit der **NYC Ferry** kannst du schöne Bootsfahrten unternehmen, um dein Ziel zu erreichen. *www.ferry.nyc* informiert über Abfahrtsorte und -zeiten.

RAD FAHREN

New York mit dem **Fahrrad** zu erkunden, ist in den letzten Jahren immer beliebter geworden, vor allem, seit die Stadt immer mehr Fahrradwege baut. Trotz des dichten Verkehrs ist Radfahren *hot and happening*! Die beliebtesten Radwege führen durch den Central Park, durch den Brooklyn Bridge Park, entlang des Hudson River auf Manhattan und Governors Island. Im Jahr 2020 wurde der Radweg auf der Brooklyn Bridge umgebaut, und seitdem gibt es leider keinen Panoramablick mehr. Du kannst besser darüberlaufen.

Du kannst **Citi Bike** (*www.citybikency.com*), das New Yorker Fahrrad-Verleihsystem, nutzen. An vielen Stellen in der Stadt gibt es Radstationen, an denen du ein Rad leihen und es anschließend wieder zurückstellen kannst. Das ist für eine Kurzfahrt von 30 Minuten ($ 3,50) möglich, oder du wählst einen 24-Stunden-Pass ($ 15). Dein Fahrrad musst du alle 30 Minuten abstellen (du kannst es

dann einfach wieder für die bezahlte Zeit aktivieren). Für lange Fahrradtouren mietest du besser ein Fahrrad über einen Fahrradverleih oder ein Fahrradgeschäft ($ 8–10 für zwei Stunden). Reserviere im Voraus ein Rad oder eine Tour online, zum Beispiel über *bikerent.nyc*.

Brauchst du etwas Ruhe in dieser 24-Stunden-Stadt? Mache eine Radtour entlang des Hudson River. Starte in West Village im Waterfront Bicycle Shop (*www.bikeshopny.com*) oder buche eine Tour über Rolling Orange Bike Tours (*rollingorangebikes.com*).

Der Verkehr in New York ist manchmal recht chaotisch, Radwege finden sich meist links von der Straße, laufen aber manchmal auf der anderen Straßenseite weiter. Vergiss nicht, zum Rad auch einen Helm mitzumieten. Wichtigste Verkehrsregeln sind: Fußgänger haben Vorrang, nicht auf dem Bürgersteig oder gegen den Verkehr fahren. Ampeln gelten für Radfahrer und Autofahrer gleichermaßen. Es wird oft kontrolliert und die Bußgelder sind hoch. Weitere Informationen zum Radfahren in New York findest du unter *www.nycgo.com/articles/nyc-biking-map-itineraries*.

TOP 10	KUNST & KULTUR

1 Moderne Kunst im **MoMA** genießen > S. 26

2 Staunen im wunderschönen **Grand Central Terminal** > S. 25

3 Das *mural* der **Mona Lisa of Williamsburg** > S. 102

4 Kunst des 20. und 21. Jahrhunderts im **Whitney** > S. 62

5 Das klassische **Metropolitan Museum of Art** > S. 82

6 Die beeindruckende **St. Patrick's Cathedral** mitten in der Stadt > S. 25

7 Die Kunstsammlung und das einzigartige Gebäude des **Guggenheim Museums** > S. 84

8 *Murals* des **Bushwick Collective** bestaunen > S. 140

9 Besuch der schönen **New York Public Library** > S. 25

10 Alte U-Bahn-Wagen im **New York Transit Museum** > S. 139

TOP 10 RESTAURANTS

1 Am luxuriösen Jachthafen im **P.J. Clarke's** dinieren > S. 49

---

2 Essen wie früher im *original diner* **Junior's** > 386 Flatbush Ave. Ext.

---

3 Köstliches italienisches Essen im **Oregano** > S. 106

---

4 Griechisches Essen in einer alten Druckerei im **Kiki's** > S. 109

---

5 Frühstück mit Blick auf den Central Park im **Robert's** > S. 30

---

6 Sehen und gesehen werden im **The Dutch** > S. 69

---

7 Authentische Tacos und Atmosphäre im **Tacombi** > 242 Metropolitan Ave.

---

8 Abends ins **Restaurant Fulton** mit Blick auf die Brooklyn Bridge > S. 57

---

9 Spanische Köstlichkeiten im **Mercado Little Spain** > S. 70

---

10 Das **Fiat Café** in Soho für Italien-Liebhaber > S. 66

TOP 10 ABENDS AUSGEHEN

1 Cocktails und Aussicht in der **Bar Blondeau** > S. 106

2 Besuch eines *rooftop* mitten in Manhattan, **A.R.T. Nomad** > S. 29

3 Tanzen im Penthouse und in der Disco von **Le Bain** > 848 Washington St.

4 Ein Abend mit Bowling und Biertrinken im **Brooklyn Bowl** > 61 Whyte Ave.

5 Ein Konzert in der **Music Hall of Williamsburg** > S. 114

6 Klassische Konzerte im **Lincoln Center** genießen > S. 134

7 Für einen Cocktail ins beliebte **The Wren** > 344 Bowery

8 Besuch einer Show in der **Radio City Music Hall** > S. 37

9 Konzert in der legendären **Carnegie Hall** > S. 37

10 Filme anschauen im **Nitehawk Cinema** > S. 117

TOP 10 SONNTAG

1. Frühstück in **Butcher's Daughter** > S. 65
2. Vom **Domino Park** einen Blick auf Manhattan werfen > S. 117
3. Brunch im märchenhaften Garten von **La Durée** > S. 69
4. Mache einen Spaziergang zu **Bethesda Fountain & Terrace** > S. 82
5. Einen *afternoon tea* in **Alice's Tea Cup** genießen > S. 126
6. Besuch des ehemaligen Eisenbahnviadukts **The High Line** > S. 77
7. Ein malerischer Spaziergang rund um **Governors Island** > S. 142
8. Ein Chocolate Chip Cookie in der **Levain Bakery** kaufen > S. 93
9. Torten probieren bei **Pies 'n' Thighs** in Williamsburg > S. 109
10. Besuche den wunderschönen **Prospect Park** in Brooklyn > S. 141

ROUTE 1

UNION SQUARE, TIMES SQUARE & MIDTOWN

INFOS ZUR ROUTE

Auf dieser Route liegt der Schwerpunkt auf Kunst und Kultur. Du läufst am MoMA und dem Museum of Arts and Design vorbei und bewunderst die außergewöhnliche Architektur des Grand Central Terminal. Für Shopaholics ist die luxuriöse Fifth Avenue ein wahres Einkaufsparadies. Rund um den Times Square mit seinen (Musik-)Theatern und Megastores geht es oft sehr geschäftig zu. An Wochentagen (aber nicht um die Mittagszeit) ist der Platz weniger überfüllt.

DIE VIERTEL

New York ist weltberühmt für den beeindruckenden **Times Square**, wo gelbe Taxis an riesigen Bildschirmen und Neonlichtern vorbeifahren, und das legendäre **Empire State Building**. Auch das Einkaufsparadies **Fifth Avenue**, das **Flatiron Building**, das **Museum of Modern Art (MoMA)** und die **Radio City Music Hall** kennen die meisten Menschen.

Seit mehr als 100 Jahren ist Unterhaltung die Hauptattraktion des Viertels rund um den Times Square. In den 60er- und 70er-Jahren konnte man an fast jeder Ecke Glücksspiel und Sexshows finden. Dann fand ein Wandel statt, von New Yorkern auch (negativ) „Disneyfizierung" genannt. Große Unternehmen kauften Immobilien auf und schufen eine einladendere Atmosphäre mit Musiktheatern, Unterhaltungshallen und Megashops, die besser florierten und ein anderes Publikum anzogen als die billigen Peepshows. Der **Broadway** verläuft direkt durch den Times Square und ist die Straße mit allen Theatern. Man geht zum Broadway, um große Shows wie *Hamilton, König der Löwen* und *Phantom der Oper* zu sehen. Für die Besucher der schicken Fifth Avenue ist Shopping die Hauptbeschäftigung. Auf diesem Boulevard findest du viele teure Geschäfte sowie die großen Flagship-Stores von Unternehmen wie Apple und LEGO®, die an den langen Warteschlangen zu erkennen sind.

Weiter südlich von diesem Gebiet lieg
in New York, der ausschließlich für An
Square treffen sich *uptown* und *dow*
etwas los ist. Spiele dort eine Partie S
dir die Arbeiten lokaler Künstler an. R
und Restaurants. Der Union Square is
Biomarkt, bekannt.

WENIG ZEIT? DAS SIND DIE HIGHL
EMPIRE STATE BUILDING + GRAN
ROCKEFELLER CENTER + BRYANT

I'm in love
with cities
I've never
been to &
people I'v
never met

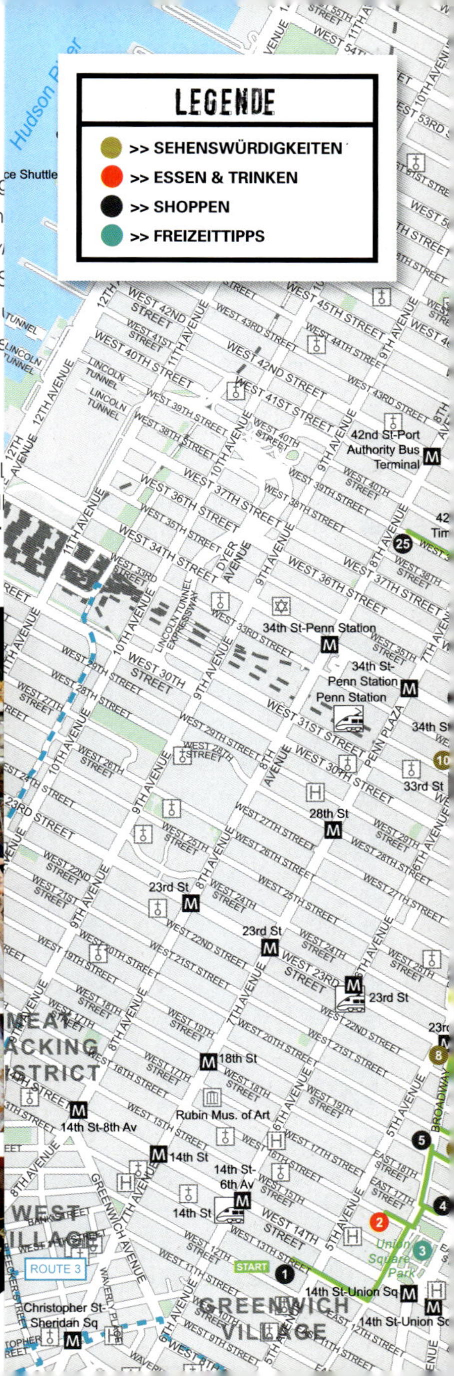

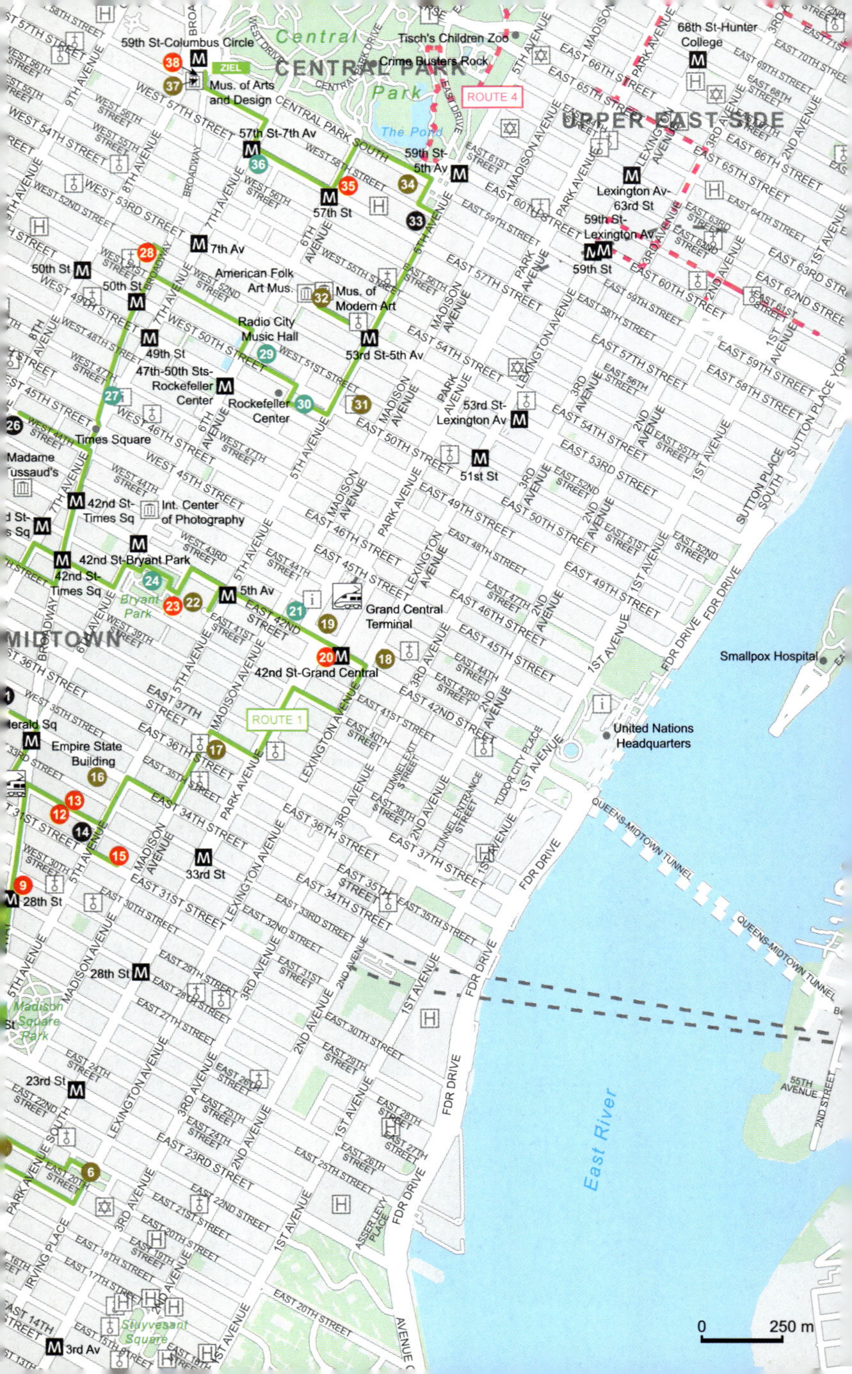

Central Park
CENTRAL PARK
Tisch's Children Zoo
Crime Busters Rock
The Pond
ROUTE 4
UPPER EAST SIDE
68th St-Hunter College
59th St-Columbus Circle
ZIEL
Mus. of Arts and Design
57th St-7th Av
57th St
59th St-5th Av
Lexington Av-63rd St
59th St-Lexington Av
59th St
7th Av
50th St
American Folk Art Mus.
Mus. of Modern Art
Radio City Music Hall
49th St
53rd St-5th Av
47th-50th Sts-Rockefeller Center
Rockefeller Center
53rd St-Lexington Av
51st St
Times Square
Madame Tussaud's
42nd St-Times Sq
Int. Center of Photography
42nd St-Bryant Park
42nd St-Times Sq
Bryant Park
5th Av
Grand Central Terminal
42nd St-Grand Central
MIDTOWN
ROUTE 1
Herald Sq
Empire State Building
33rd St
28th St
28th St
23rd St
Madison Square Park
Stuyvesant Square
3rd Av
Smallpox Hospital
United Nations Headquarters
QUEENS-MIDTOWN TUNNEL
FDR DRIVE
East River
0
250 m

BESCHREIBUNG ROUTE 1 (ca. 12,3 km)

Diese Route beginnt an einem *thrift shop* 1. Biege rechts und dann links ab, zum University Place. Gehe links in die 16th Street, um einen Kaffee zu trinken 2, laufe zurück und in den Park, um den Markt zu besuchen 3. Gehe die 17th Street hinunter und kaufe Bücher 4. Biege rechts ab zum Broadway und kaufe einzigartiges Geschirr 5. Gehe schräg über die Straße zur 19th Street. Jetzt die zweite Straße links zum Gramercy Park 6. Dann die 20th Street zurück und genieße eine Geschichtsstunde 7. Biege rechts in den Broadway ein und besichtige das Flatiron Building 8. Gehe auf dem Broadway in Richtung Norden, um *cereal ice cream* zu essen 9, dann weiter hinunter und besichtige links die kupferne Brücke 10. Jetzt zum Einkaufen bei Macy's 11. Gehe zurück und biege links in die 32nd Street nach Korea Town 12 13. Laufe bis zur 5th Avenue und biege rechts ab, um Hüte zu kaufen 14. Nun auf der 5th Avenue nach Süden und links in die 31st Street, um ein *rooftop* zu besuchen 15. Gehe zurück zur 5th Avenue und rechts zum Empire State Building 16. Jetzt rechts in die 34th Street, links in die Madison Avenue und besuche ein Museum 17. Dann die 37th Street rechts, die Park Avenue links, die 40th Street rechts und die Lexington Avenue links und blicke nach oben 18. Biege links in die 42nd Street ein und besichtige den Bahnhof 19. Gehe aus dem Haupteingang und laufe weiter zum Essen 20. Weiter zu einem Aussichtspunkt 21 und zu einer Bibliothek 22. Gehe um die Bibliothek herum zum Bryant Park 23 24. Gehe Richtung 6th Avenue, links und dann rechts in die 40th Street, biege links in die 7th Avenue und rechts in die 39th Street ein. Besuche den Drama Bookshop 25. Gehe zurück und links auf den Broadway. Laufe bis zur 44th Street und biege vor einem Theaterladen 26. links ab. Kehre um, gehe weiter den Broadway entlang und kaufe Karten für eine Show 27. Weiter zur 52nd Street und links, um Cocktails mit Aussicht zu genießen 28. Gehe zurück und links in die 51st Street. Biege an der 6th Avenue rechts ab zu einer Show 29. An der 50th Street links und gehe in Richtung Rockefeller Centre 30. Jetzt die 5th Avenue links und besuche St. Patrick 31. Weiter auf der 5th Avenue nach Norden und links in die 53rd Street, um moderne Kunst zu sehen 32. Zurück zur 5th Avenue und nach links. Betrachte zwischen der 57th und 58th Street die schönen Schaufenster 33. Gehe um das Kaufhaus herum und schaue dir ein berühmtes Hotel 34 an. Jetzt links in die 59th Street und wieder links in die 6th Avenue, um italienisch zu essen 35. Besuche rechts in der 57th Street ein Konzert 36. Nun rechts und dann links zu einem Museum 37 und bestelle einen Drink 38.

SEHENSWÜRDIGKEITEN

⑥ **Gramercy Park** ist einer der wenigen nicht öffentlichen Parks in New York, zu denen nur Anwohner Zugang haben. Im 19. Jahrhundert wurden die Wohnungen der **34 Gramercy Park East** als „French Flats" bezeichnet, um ihnen mehr Charme zu verleihen. Sie waren vor allem für die ärmere Bevölkerung bestimmt und wurden von den Wohnungen der Arbeiter unterschieden.
Gramercy Park, nicht öffentlich zugänglich, Metro 6 23rd St.

⑦ Theodore Roosevelt, der 26. Präsident der Vereinigten Staaten, lebte in seiner Jugend in der 20th Street. Ein Nachbau dieses Hauses, **Theodore Roosevelt Birthplace**, ist für Geschichtsinteressierte und Roosevelt-Fans interessant.
28 East 20th Street, zwischen Broadway & Park Avenue, www.nps.gov/thrb, Öffnungszeiten siehe Website, Eintritt frei, Metro 4, 5, 6, L, N, Q, R, W 14th St.–Union Sq., Metro 6 23rd St.

⑧ Das **Flatiron Building** wurde 1902 in dem Versuch entworfen, ein neues Geschäftsviertel nördlich der Wall Street zu schaffen. Es passt perfekt auf das bügeleisenförmige Grundstück. Um das Gebäude weht oft ein starker und unberechenbarer Wind. In den ersten Jahren trafen sich hier die Jungen, um einen Blick unter wehende Sommerkleider zu erhaschen. Heute ist die Gegend fast völlig verkehrsfrei und man kann sich auf einer der öffentlichen Terrassen ausruhen.
175 5th Avenue, nicht öffentlich zugänglich, Metro R, W 23rd St., Metro 6 23rd St.

⑩ Zwischen den beiden Gebäuden des Kaufhauses Saks–34th Street wurde 1925 die **Gimbel's Bridge** gebaut, benannt nach dem Eigentümer/Einzelhändler Gimbels, damals ein großer Konkurrent des benachbarten Macy's. Dieselben Architekten entwarfen einige Jahre später auch das Empire State Building. Die Brücke, die durch Oxidation wunderschön grün gefärbt ist, ist noch eine der wenigen *skybridges* der Stadt.
101 West 32nd Street, nicht öffentlich zugänglich, Metro B, D, F, M, N, R, Q, W Herald Sq.–34th St., Metro 1, 2, 3 34th St.–Penn Station

⑯ Das **Empire State Building** ist das Ergebnis eines Wettstreits zwischen den Präsidenten von General Motors und Chrysler, wer als Erster das höchste

Don't miss the highlights!

Gebäude der Welt bauen konnte (General Motors gewann). Das Gebäude wurde 1931 eröffnet und war bis 1971 tatsächlich das höchste Gebäude der Welt. Jeden Abend leuchtet der Turm in einer oder mehreren Farben; auf der Website ist das Thema des Tages vermeldet. Du genießt auch von der Spitze des Gebäudes eine tolle Aussicht, aber am besten ist es, einen anderen Turm mit Blick auf das Empire State Building zu besuchen.

20 West 24th Street, www.esbnyc.com, Mo–Do 13.00–22.00, Fr–So 11.00–23.00 Uhr, Eintritt $ 44, Metro B, D, F, M, N, Q, R, W 34th St.–Herald Sq., Metro 6 33rd St.

⑰ Die prächtige Sammlung der **Morgan Library & Museum** entstand aus der Privatsammlung des wohlhabenden Bankiers und Kunstsammlers John Pierpont Morgan. 1924, elf Jahre nach seinem Tod, wurde sie zu einer öffentlichen Einrichtung. Die Sammlung umfasst Manuskripte, Zeichnungen, Bücher und antike Tafeln aus dem Nahen Osten. Das Gebäude ist außen wunderschön, aber innen ist es noch schöner.

225 Madison Avenue, Ecke 36th Street, www.themorgan.org, Mi–So 10.30–17.00 Uhr, Eintritt $ 22, Metro 6 33rd St., Metro S, 4, 5, 6, 7, 42nd St.–Grand Central Station

(18) Das **Chrysler Building** ist die Krönung des Automobilriesen Walter P. Chrysler. Sowohl an der Außenseite als auch im Inneren wurden Motive von Radkappen und Kotflügeln verwendet. Außerdem findet man Wasserspeier in Form von Kühlerhauben. Das 319 Meter hohe Gebäude ist ein bemerkenswertes Art-déco-Monument. Als es 1930 eröffnet wurde, war das Chrysler Building das höchste Gebäude der Welt. Ein Jahr später wurde es vom Empire State Building vom Thron gestoßen, das zu dieser Zeit fertiggestellt wurde.
405 Lexington Avenue, nicht öffentlich zugänglich, Metro S, 4, 5, 6, 7 42nd St.–Grand Central Station

(19) Der **Grand Central Terminal** ist der Hauptbahnhof von New York, ein Meisterwerk des Beaux-Arts-Stils und ein Musterbeispiel für die Romantik des Zugreisens. Stelle dich in die Mitte der Bahnhofshalle und lasse die Atmosphäre auf dich wirken: Dieser Bahnhof wirkt eher wie ein großes Museum. In den verschiedenen Flügeln findest du Geschäfte und Boutiquen, und im linken Flügel kannst du die **New York Transit Museum Gallery** besuchen.
89 East 42nd Street, www.grandcentralterminal.com, tgl. 5.15–2.00 Uhr, Metro S, 4, 5, 6, 7 42nd St.–Grand Central Station

(22) Die Hauptfiliale der **New York Public Library** heißt offiziell Stephen A. Schwarzman Building und wurde 1911 eröffnet. In den 1930er-Jahren gab Bürgermeister Fiorello LaGuardia den Marmorlöwen vor dem Gebäude die Spitznamen *Patience* (Geduld) und *Fortitude* (Stärke). Damit bezog er sich auf Charaktereigenschaften, die New Yorker haben mussten, um die Wirtschaftskrise zu überstehen.
476 5th Avenue, www.nypl.org, Mo–Sa 10.00–18.00, So 13.00–17.00 Uhr, Eintritt frei, Metro S, 4, 5, 6, 7 42nd St.–Grand Central Station, Metro B, F, M 42nd St.–Bryant Park

(31) Die beeindruckende **St. Patrick's Cathedral** von 1879 ist die größte neugotische Kathedrale in den Vereinigten Staaten. Mehr als zweitausend Menschen finden im Inneren Platz. Achte auf die Tiffany-Altäre, die Glasmalereien und die *pietà*, die Darstellung des toten Christus mit Maria.
14 East 51st Street, www.saintpatrickscathedral.org, tgl. 6.30–20.45 Uhr, Eintritt frei, Metro E, M 5th Ave.–53rd St., Metro 6 51st St., Metro B, D, F, M 47–50th St.–Rockefeller Ctr.

(32) Das **Museum of Modern Art (MoMA)** besitzt eine außergewöhnliche und umfangreiche Sammlung zeitgenössischer Kunst. Von einem Hubschrauber an der Decke bis zur Sammlung von alten Computern und einer Picasso-Sammlung bis hin zu moderner Videokunst. Seit 2019, nach umfassender Renovierung, sind weitere 4000 Quadratmeter Galerie hinzugekommen. Vergiss nicht, den MoMA Design Store zu besuchen.

11 West 53rd Street, www.moma.org, Mo–Fr & So 10.30–17.30, Sa 10.30–19.00 Uhr, Eintritt $ 25, Metro E, M 5th Ave.–53rd St., Metro B, D, E 7th Ave.

(34) Viele Berühmtheiten übernachteten im **Plaza Hotel**. Architekt Frank Lloyd Wright wohnte hier, als er das Guggenheim-Museum entwarf. Und hier spielte die Lobby-Szene aus *Kevin allein in New York*. Die nördlichen Zimmer des Hotels bieten einen tollen Blick auf den Central Park. Wenn du einigermaßen adrett gekleidet bist, kannst du dich in der Lobby umsehen. Um die Ecke befindet sich versteckt der Eingang zur luxuriösen **The Plaza Food Hall**, ein echter Augenschmaus.

768 5th Avenue, www.theplazany.com, Foyer öffentlich zugänglich, Metro N, R, W 5th Ave.–59th St., Metro F 57th St.

(37) Das **Museum of Arts and Design (MAD)** ist ein Museum, dessen ständige Sammlung 2000 Objekte aus den Bereichen Mode, Design und Schmuck umfasst. Zudem gibt es Wechselausstellungen. Das MAD ist auch für die radikale Renovierung des Gebäudes bekannt. Bei Architekturkritikern sind insbesondere die Fenster – die das Wort *HI* zu bilden scheinen – umstritten.

2 Columbus Circle, www.madmuseum.org, Di–So 10.00–18.00 Uhr, Eintritt $ 18, Metro 1, A, B, C, D 59th St.–Columbus Crl.

ESSEN & TRINKEN

(2) Bei **Breads Bakery** kannst du leckeres Brot und Gebäck kaufen. Herrlich, mit einem Kaffee und einer *cinnamon roll* den Tag zu beginnen. Am bekanntesten sind die verschiedenen *challahs* (traditionelle jüdische Brote). Im Café, im hinteren Teil des Ladens, kannst du frische Sandwiches oder ein Getränk genießen.

18 East 16th Street, www.breadsbakery.com, Tel. +1 2126332253, tgl. 7.00–20.00 Uhr, Gebäck $ 5, Metro 4, 5, 6, L, N, Q, R, W 14th St.–Union Sq.

10

32

㉓

⑨ Die Inhaberin und Konditorin Christina Tosi eröffnete ihre erste Bäckerei 2008 in einem alten Waschsalon in New York City. In der Bäckerei konnte sie endlich ihre eigenen *happy mistakes* verkaufen, wie zum Beispiel ihre beliebte *Milk Bar pie* und *cereal milk soft serve*. Denn die Milch, die nach dem Essen des Müslis übrig bleibt, ist doch am köstlichsten? Besuche den **Milk Bar** Flagship Store und überzeuge dich selbst vom Geschmack.

1196 Broadway, www.milkbarstore.com, Tel. +1 3479744975, Mo–Do & So 10.00–23.00, Fr–Sa 11.00–23.00 Uhr, Cookie $ 5, Metro R, W 23rd St., Metro 6 23rd St.

⑫ Im *upcoming* Korea Town kannst du im **Jongro BBQ** köstlich essen. Das Restaurant fällt mit dem kleinen Logo kaum auf, aber im zweiten Stock dieses Bürogebäudes betritt man ein geräumiges und trendiges Restaurant. Hier wird ein traditionelles koreanisches BBQ serviert. Es kann voll werden, sodass man manchmal warten muss. Du kannst dir die Zeit vertreiben und eine der vielen Karaoke-Bars in der Straße besuchen.

22 West 32nd Street, www.jongrobbqny.com, Tel. +1 2124732233, Mo–Do & So 11.30–24.00 Uhr, $ 32, Metro B, D, F, M, N, Q, R, W 34th St.–Herald Sq., Metro R, W 28th St.

⑬ **Grace Street** ist der perfekte Ort für ein Dessert: Schon die Speisekarte macht dir den Mund wässrig. Die koreanischen Krapfen *ho-dduk* sind am beliebtesten. Aber auch der *shaved snow*, ein Eis mit zahlreichen Toppings, ist zu empfehlen. Außer Desserts gibt es ungewöhnliche *milk teas* und Kaffees auf der Karte.

17 West 32nd Street, www.bygracestreet.com, Tel. +1 9177452125, Mo–Do & So 11.00–23.00, Fri–Sa 11.00–23.30 Uhr, Dessert $ 10, Metro B, D, F, M, N, Q, R, W 34th St.–Herald Sq., Metro R, W 28th St.

⑮ Eine Reise nach New York ist nur mit dem Besuch eines *rooftop* komplett. Im **A.R.T. NoMad** bietet das Arlo Rooftop einen fantastischen Blick auf das nahe gelegene Empire State Building; so nah warst du noch nie dran. Natürlich ist ein Besuch während des Sonnenuntergangs oder am späten Abend am allerbesten. Und für echte Helden gibt es einen Glasboden für einen schnellen Blick nach unten.

11 East 31st Street, www.arlohotels.com, Tel. +1 2128067000, Mo–Sa 16.00–24.00, So 16.00–21.00 Uhr, Cocktail $ 18, Metro B, D, F, M, N, Q, R, W 34th St.–Herald Sq., Metro R, W 28th St.

⑳ **Pershing Square** ist ein Diner/Bistro unter dem berühmten Viadukt von Grand Central: Du wirst keinen kultigeren Ort zum Essen finden. Wochentags sitzt man hier inmitten von Geschäftsleuten, die zwischen ihren Meetings zum Mittagessen kommen. Bitte um einen Platz in einer der authentischen *booths* und genieße ein Glas Wein und einen leckeren Burger. Die Speisekarte ist umfangreich, von Austern bis zu *lobster rolls* gibt es alles. Und als Dessert ein Stück Cheesecake.

90 East 42nd Street, www.pershingsquare.com, Tel. +1 2122869600, Mo–Fr 7.00–20.00, Sa–So 8.00–20.00 Uhr, $ 25, Metro S, 4, 5, 6, 7 42nd St.–Grand Central Station, Metro B, F, M 42nd St.–Bryant Park

㉓ Im **Bryant Park Grill & Cafe** hast du einen Blick auf den lebhaften Bryant Park. Hier treffen sich viele Einheimische, vor allem nach Feierabend, auf einen Drink. Der Grill hat eine umfangreiche, etwas teure Speisekarte, das Café hat eine kleinere Speisekarte, ist aber dennoch ein schöner Ort. Versuche, einen Platz auf dem *rooftop* zu ergattern.

42nd Street Bryant Park, www.bryantpark.org/eat-drink, Tel. +1 2128406500, Grill Sa–So 11.30–20.30 Uhr, Café tgl. 11.00–23.00 Uhr, $ 25, Metro B, D, F, M 42nd St., Metro N, Q, R, S, W, 1, 2, 3, 7 42nd St.–Times Sq.

(28) Lust auf einen Drink mit magischer Aussicht? Dann geh zu **Beasts & Butterflies** am Ende des kultigen Times Square. Frage nach einem Platz am Fenster oder suche dir einen Platz draußen an der Bar, um die meterhohen Reklametafeln und die blinkende Werbung von Nahem zu sehen. Es gibt eine kleine amerikanische Karte mit einigen Häppchen oder *shared plates*.
226 West 52nd Street, www.millenniumhotels.com, Tel. +1 6464595820, tgl. 7.00–11.00 & 16.00–24.00 Uhr, Cocktail $ 15, Metro N, Q, R, S, W, 1, 2, 3, 7 42nd St.–Times Sq., Metro 1 50 St.

(35) In einem klassischen Gebäude an der 6th Avenue befindet sich **Quality Italian**. Das Restaurant mit der goldenen Fassade besticht schon durch sein Aussehen. Du kannst auf der Außenterrasse die Stadt genießen oder im luxuriösen *dining room* speisen. Die etwas teure Speisekarte ist klassisch *American Italian*, wobei die *chicken parm pizza* eine Spezialität ist. Wenn du keine Lust auf Pizza hast, probiere die *housemade pasta's*. Zum Abschluss gibt es ein *gelato*.
57 West Street, www.qualityitalian.com, Tel. +1 2123901111, Mo-Mi & So 12.00–15.00 & 17.00–22.30, Do–Sa 12.00–15.00 & 17.00–23.00 Uhr, $ 35, Metro F 57th St., Metro N, Q, R, W 57th St.–7th Ave.

(38) Nimm im **Robert's** einen Brunch oder ein frühes Diner ein. Hier kannst du luxuriös mit weitem Blick über den Central Park speisen. Das Restaurant befindet sich im obersten Stockwerk des Museum of Art and Design (MAD): Frage bei der Reservierung nach einem Fensterplatz für die beste Aussicht.
2 Columbus Circle, www.robertnyc.com, Tel. +1 2122997730, Di–Do & So 12.00–20.00, Fr–So 12.00–20.30 Uhr, $ 25, Metro 1, A, B, C, D 59th St.–Columbus Crl.

SHOPPEN

(1) **Beacon's Closet** ist ein Secondhandladen für Hipster und andere Schnäppchenjäger. Immer vollgestopft mit coolen Sachen, die man nirgendwo sonst findet: von Blousons mit Pferd-und-Wagen-Aufnäher und orangefarbenen Tarnanzügen bis hin zu Haute Couture und Luxusmarken – alles zum Schnäppchenpreis.
10 West 13th Street, www.beaconscloset.com, tgl. 11.00–20.00 Uhr, Metro 4, 5, 6, L, N, Q, R, W 14th St.–Union Sq.

9
milk

2
TRUE
LOVE

20

20
PERSHING SQUARE
CAFE
90
90

22

9

25

5
AT YOUR SERVICE!
FISHS EDDY

5
PET PORTRAITS
TUNA
CHRISTINA
BUZZ
TOBI
MONTY
PASTA
BATMAN
VICKY
PET PORTRAITS
PET PORTRAITS
$225
@BENLENOVITZ

14

④ Am Union Square kauft man Bücher bei **Barnes & Noble**. Die Buchhandlung hat eine große Auswahl auf nicht weniger als fünf Etagen, sodass du sicher mit einem schönen Kauf den Laden verlässt. Es gibt ein Café, in dem du in den Büchern blättern kannst, wenn du noch unentschieden bist. Von dort aus hat man einen schönen Blick auf den Union Square. Neben Büchern gibt es eine große Spieleabteilung und verschiedene Souvenirs.

33 East 17th Street, www.barnesnoble.com, Mo–Sa 9.00–21.00, So 10.00–20.00 Uhr, Metro 4, 5, 6, L, N, Q, R, W 14th St.–Union Sq.

⑤ Auf den ersten Blick sieht **Fishs Eddy** wie ein normaler Porzellanladen aus, aber nichts könnte weiter von der Wahrheit entfernt sein. Schau dir die einzigartigen, humorvollen Schaufensterauslagen an und erliege nicht dem Kaufrausch bei all den schön gestalteten Produkten – von Tassen mit grafischen Motiven bis hin zu Geschirrtüchern mit New Yorker Architektur. Außerdem gibt es hier eine große Sammlung von aufgekauftem Geschirr aus amerikanischen Diners. Ein schöner Laden für ein Souvenir!

889 Broadway, www.fishseddy.com, Mo–Sa 10.00–18.00, So 11.00–18.00 Uhr, Metro R, W 23rd St., Metro 4, 5, 6, L, N, Q, R, W 14th St.–Union Sq.

⑪ **Macy's** ist das berühmteste Kaufhaus New Yorks. Neben dem Macy's Fireworks am 4th of July und der Macy's Parade an Thanksgiving verwöhnt Macy's die Stadt das ganze Jahr über mit großen Events, die weltweit bekannt sind. Mit 198 500 m² ist Macy's das größte Kaufhaus der Welt. Vor allem die Schaufenster ziehen die Aufmerksamkeit des Publikums auf sich. Fun Fact: Suche innen die hölzerne Rolltreppe von 1902, die damals die erste moderne Rolltreppe der Welt war.

151 West 34th Street, www.macys.com, tgl. 11.00–20.00 Uhr, Metro B, D, F, M, N, Q, R, W 34th St.–Herald Sq., Metro 1, 2, 3 34th St.–Penn Station

⑭ Hüte sind wieder in Mode, und im **JJ Hat Center** kannst du einen ausgefallenen Hut kaufen. Das Geschäft gibt es bereits seit 1911, damals war es eines von 48 Hutgeschäften in New York. Die anderen 47 existieren heute nicht mehr, aber JJ Hat ist *still standing strong*. Die handgefertigten Hüte sind bei vielen Prominenten und Fernsehshows beliebt.

310 Fifth Avenue, www.jjhatcenter.com, Mo–Sa 11.00–18.00 Uhr, Metro B, D, F, M, N, Q, R, W 34th St.-Herald Sq., Metro R, W 28th St.

(25) Der **Drama Book Shop** ist seit 1917 ein bekannter Name in New York, wurde aber 2020 an seiner jetzigen Adresse wiedereröffnet. Tauche ein in die umfangreiche Sammlung von Theaterbüchern und Dramentexten oder trinke einen Kaffee im Café und mische dich unter die vielleicht neuen Talente der Stadt.
266 West 39 Street, www.dramabookshop.com, Mo–Sa 10.00–19.30, So 12.00–19.00 Uhr, Metro N, Q, R, S, W, 1, 2, 3, 7 42nd St.–Times Sq.

(26) **Theatre Circle** ist der Laden für Broadway-Souvenirs. Suchst du Noten zu deinem Lieblingsmusical, eine Weihnachtskugel oder ein T-Shirt? Schaue hier vorbei. Der Laden wurde in den 1990er-Jahren eröffnet und ist beliebt bei Theaterfans.
268 West 44th Street, www.theatrecircleshop.com, tgl. 10.00–23.00 Uhr, Metro N, Q, R, S, W, 1, 2, 3, 7 42nd St.–Times Sq.

(33) **Bergdorf Goodman** wurde 1899 von Herman Bergdorf gegründet und findet sich seit 1928 am heutigen Standort. Das Kaufhaus ist für seine opulenten Schaufensterdekorationen bekannt: Besonders zur Weihnachtszeit wird alles gegeben. Seit der Eröffnung des Gebäudes hat sich an der Innenausstattung mit kleinen Räumen im Boutique-Stil, wo man Luxusmarken wie Maison Margiela, Bottega Veneta und Prada kaufen kann, wenig geändert.
754 5th Avenue, www.bergdorfgoodman.com, Mo–Sa 11.00–19.00, So 11.00–18.00 Uhr, Metro N, R, W 5th Ave.–59th St., Metro F 57th St.

FREIZEITTIPPS

(3) Der **Union Square Greenmarket** wurde 1976 von einigen Bauern gegründet und hat sich seitdem zu einem riesigen Markt entwickelt, auf dem in der Hochsaison bis zu 140 Bauern aus der Region ihre Waren anbieten. Es gibt Stände mit Bioobst und -gemüse, Brot, Käse und Biowein. Besuche die Kochvorführungen bekannter lokaler Köche und iss einen Happen! Im Winter ist der Markt etwas kleiner.
Union Square W & E 17th Street, www.grownyc.org/greenmarket/manhattan-union-square-m, Mo, Mi & Fr–Sa 8.00–18.00 Uhr, Metro 4, 5, 6, L, N, Q, R, W 14h St.–Union Sq.

(21) New York überrascht weiterhin mit den faszinierendsten Gebäuden, darunter das brandneue **Summit One Vanderbilt**, das 2021 seine Pforten öffnete. Der

World Famous!

neueste Aussichtspunkt von New York ist von Glas und Spiegeln umgeben. Du wirst von der Show aus Licht, Klang und visueller Kunst hingerissen sein. Trage bequeme Schuhe, keine spitzen Absätze und – das ist kein Scherz – Röcke und Kleider sind wegen der Sichtbarkeit nicht erlaubt. Nimm unbedingt eine Sonnenbrille mit, wenn du tagsüber kommst.

45 East 42nd Street, www.summitov.com, Do 15.00–22.30, Fr–Sa 9.00–24.00, So 10.00–19.00 Uhr, Eintritt ab $ 39, Metro S, 4, 5, 6, 7 42nd St.–Grand Central Station, Metro B, F, M 42nd St.–Bryant Park

(24) Am Rande des **Bryant Park** kannst du in einem der runden Häuser einen Kaffee und einen Snack kaufen und die hohen Gebäude bewundern, die sich über dir erheben. Auf der Ostseite befindet sich eine der beliebtesten Freiluftbars der Stadt. Der Rasen wird für verschiedene Aktivitäten wie Yoga oder *movie nights* genutzt. Ab Ende Oktober kann man hier Schlittschuh laufen und der Park verwandelt sich in einen riesigen Weihnachtsmarkt.

42nd Street & 6th Avenue, www.bryantpark.org, tgl. 7.00–22.00 Uhr, Metro N, R, Q, W, 1, 2, 3, 7 Times Sq.–42nd St., Metro B, D, F, M 42nd St.–Bryant Park

36
CARNEGIE HALL
CARNEGIE HALL
The New York Pops
Get Happy: That Nelson Riddle Sound
2021–2022 Season
CARNEGIE HALL FESTIVALS
AFROFUTURISM
Flying Lotus
2021–2022 Season
CARNEGIE HALL
Yefim Bronfman, Piano
2021–2022 Season
CARNEGIE HALL
Jordi Savall: Monteverdi's Madrigals of Love and War
2021–2022 Season

29
RADIO CITY
LOVE
FEB 11
EL GRAN COMBO FEB 12
ERASURE
NYPD
NYPD
NYPD
NYPD

(27) Der **Times Square** mit seinen *bright lights*, riesigen Werbetafeln und der hektischen Geschäftigkeit ist das pulsierende Herz von New York. Hier wirst du zwar keine Einheimische treffen, aber du solltest ihn auf keinen Fall verpassen. Am *New Year's Eve* findet hier der berühmte *ball drop* statt. Der **TKTS Booth** befindet sich unter der roten Treppe. Hier kannst du Karten für Broadway-, Off-Broadway-, Tanz- und Musikaufführungen kaufen, mit Ermäßigungen von bis zu 50 Prozent. Sei frühzeitig da, denn die Warteschlangen können lang sein.
Broadway & 7th Avenue, zwischen 42nd & 47th Street, www.tdf.org, Mo–Di & Do–Fr 15.00–20.00, Mi & Sa 11.00–20.00, So 11.00–19.00 Uhr, Metro N, Q, R, S, 1, 2, 3, 7 Times Sq.–42nd St.

(29) Eine der beliebtesten Veranstaltungen der **Radio City Music Hall** ist *The Christmas Spectacular*, bei dem die Rockettes auftreten. Dieses größte überdachte Theater der Welt ist ein atemberaubendes Beispiel für den Art-déco-Stil. Buche eine Stage Door Tour für einen Blick hinter die Kulissen und die Geschichte des Gebäudes und ein Treffen mit einem der Rockettes.
1260 6th Avenue, zwischen 50th & 51st Street, www.radiocity.com, siehe Website für Programm und Preise, Metro N, R, W 49 St., Metro 1 50 St., Metro B, D, E 7th Ave., Metro B, D, F, M 47th–50th Sts.–Rockefeller Ctr.

(30) John D. Rockefeller Jr. pachtete 1928 ein Stück Land und nannte es **Rockefeller Center**. Er baute dort Bürogebäude und öffentliche Promenaden. Im Winter kann man neben dem riesigen Weihnachtsbaum Schlittschuh laufen. Hinter der Eisbahn befindet sich Amerikas ältester Spielzeugladen, **FAO Schwarz**, und um die Ecke liegt der **NBC Studio Store**. Besuche die Dachterrasse des 30 Rockefeller Plaza, **Top of the Rock**, und genieße den Blick auf den Central Park.
45 Rockefeller Plaza, www.rockefellercenter.com, tgl. 10.00 –14.00 Uhr, Eintritt Top of the Rock $ 36, Metro N, R, W 49 St., Metro 1 50 St., Metro B, D, F, M 47–50 Sts.–Rockefeller Ctr.

(36) Eine der berühmtesten Konzerthallen Amerikas ist die **Carnegie Hall**, die von Andrew Carnegie errichtet und 1891 eröffnet wurde. Die Halle ist bekannt für ihre Akustik und ihre ungewöhnliche Architektur. Hier finden hauptsächlich klassische Konzerte statt, aber auch The Doors und The Beatles traten hier auf.
881 7th Avenue, www.carnegiehall.org, Ticketkasse Mo–Sa 11.00–18.00, So 12.00–18.00 Uhr, C, Metro F 57 St., Metro B, E 7th Ave.

ROUTE 2

BROOKLYN HEIGHTS, DUMBO & FINANCIAL DISTRICT

INFOS ZUR ROUTE

Dieser Spaziergang führt dich durch Brooklyn Heights mit seinen wunderschönen *brownstones*. Vom industriellen Dumbo läufst du über die Brooklyn Bridge in Richtung Manhattan. Hier beginnt die Geschichte der Insel Manhattan mit ihren beeindruckenden Gebäuden. Du kommst am 9/11 Memorial und an den neuen Gebäuden in der Umgebung vorbei und setzt mit der kostenlosen Fähre zur Statue of Liberty über.

DIE VIERTEL

Brooklyn Heights ist ein schönes Viertel mit den bekannten klassischen Brownstones. Viele Berühmtheiten haben sich in Brooklyn Heights niedergelassen, du kannst also echten Promis über den Weg laufen. Die meisten Brownstones bestehen aus drei oder vier Stockwerken, wobei der Eingang im Untergeschoss früher für die Bediensteten war. Obwohl viele Bewohner noch ein ganzes Haus besitzen, werden diese heute oft in mehreren Wohnungen vermietet.

Der Stadtteil **Dumbo** (*Down Under the Manhattan Bridge Overpass*) war bis kurz vor dem 21. Jahrhundert Hafengebiet, was das Vorhandensein der Schuppen und Geschäftsgebäude erklärt. Nach und nach wurden die Schuppen als Wohnraum frei und es entstanden großzügige Lofts. Das zog viele Künstler an und man spürt diese Atmosphäre noch immer. Der **Brooklyn Bridge Park** erstreckt sich von Brooklyn Heights bis Dumbo und bietet einen atemberaubenden Blick auf Manhattan.

Bis zum 19. Jahrhundert spielte sich das Leben in New York hauptsächlich in einem kleinen Teil des heutigen Lower Manhattan ab. Um 1700 reichte die Stadt kaum über die Fulton Street hinaus, und hundert Jahre später gab es nur wenige Häuserblocks mehr. Als 1812 die **City Hall** eröffnet wurde, schien es noch unvorstellbar, dass sich die Stadt weiter nach Norden ausdehnen würde. In diesem historischen Gebiet siehst du wunderschöne Gebäude aus den Anfängen der Stadt.

Der **Financial District** ist ein geschichtsträchtiges Viertel und das spürt man an jeder Straßenecke. In diesem Viertel befindet sich auch das **9/11 Memorial**. Trotz dieser Tragödie hat sich die Stadt wieder bekrabbelt und es entstand eine beeindruckende Gedenkstätte mit moderner Architektur rundherum.

WENIG ZEIT? DAS SIND DIE HIGHLIGHTS:
BROOKLYN BRIDGE PARK + BROOKLYN BRIDGE + 9/11 MEMORIAL & MUSEUM + ONE WORLD TRADE CENTER + STATEN ISLAND FERRY

TIPPS

// Dumbo & Financial District am besten wochentags erkunden // Toll für Geschichtsinteressierte // Route mit schönen Aussichten

BROOKLYN HEIGHTS, DUMBO & FINANCIAL DISTRICT

1. Borough Hall
2. Clark's Diner
3. Lassen & Hennigs
4. Brooklyn Heights Promenade
5. Squibb Park Bridge
6. Brooklyn Bridge Park
7. Ample Hills
8. % Arabica
9. Jane's Carousel
10. Empire Stores / Time Out Market
11. Jacques Torres
12. Evil Twin Brewing
13. Washington Street Manhattan Bridge View
14. Front General Store
15. Brooklyn Bridge
16. Municipal Building
17. CityStore
18. New York City Supreme Court
19. City Hall
20. Woolworth Building
21. St. Paul's Chapel
22. Oculus
23. 9/11 Memorial & Museum / Liberty Park
24. One World Trade Center
25. Brookfield Place
26. P.J. Clarke's
27. Trinity Church
28. New York Stock Exchange / Fearless Girl
29. Federal Hall National Memorial
30. Adrienne's Pizza Bar
31. Fraunces Tavern
32. Charging Bull
33. The Battery
34. Staten Island Ferry
35. Industry Kitchen
36. Pier 17 / Restaurant Fulton
37. McNally Jackson Books
38. South Street Seaport Museum

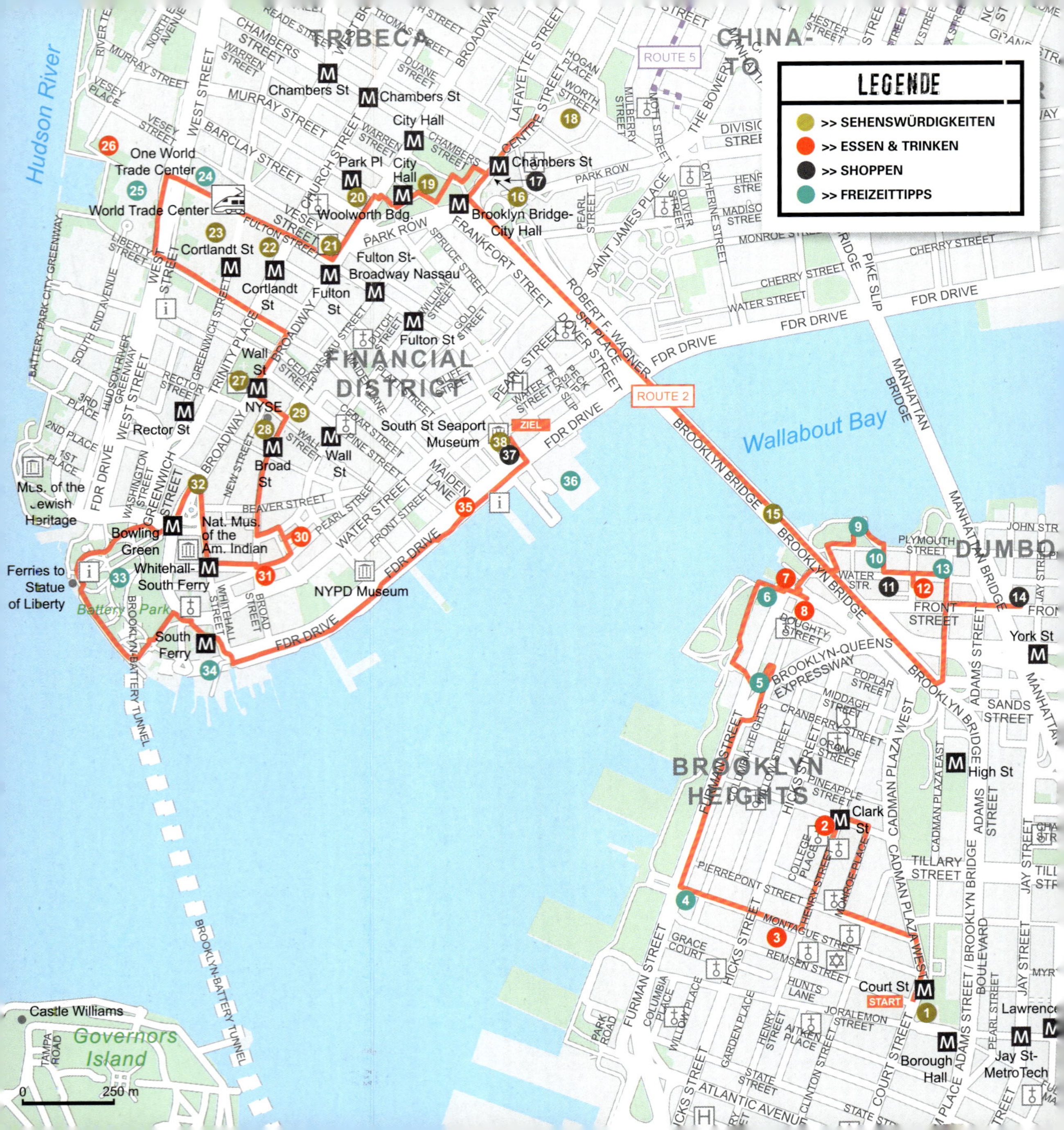
LEGENDE
>> SEHENSWÜRDIGKEITEN
>> ESSEN & TRINKEN
>> SHOPPEN
>> FREIZEITTIPPS
TRIBECA
CHINA-
Hudson River
FINANCIAL DISTRICT
Wallabout Bay
DUMBO
BROOKLYN HEIGHTS
Governors Island
ROUTE 5
ROUTE 2
ZIEL
START
Chambers St
City Hall
Park Pl
City Hall
Woolworth Bdg.
Brooklyn Bridge-City Hall
One World Trade Center
World Trade Center
Cortlandt St
Fulton St-Broadway Nassau
Fulton St
Wall St
NYSE
Rector St
Broad St
South St Seaport Museum
Mus. of the Jewish Heritage
Bowling Green
Nat. Mus. of the Am. Indian
Whitehall-South Ferry
Ferries to Statue of Liberty
Battery Park
South Ferry
NYPD Museum
Castle Williams
York St
High St
Clark St
Court St
Borough Hall
Jay St-MetroTech
Lawrence
BROOKLYN BRIDGE
MANHATTAN BRIDGE
FDR DRIVE
BROOKLYN-QUEENS EXPRESSWAY
BROOKLYN-BATTERY TUNNEL
0
250 m

BESCHREIBUNG ROUTE 2 (ca. 11,7 km)

Start ist am alten Rathaus von Brooklyn (1). Gehe über den Platz und biege links in die Pierrepont Street ein. Laufe rechts zum Monroe Place und biege links ab. Besuche das *diner* in der Clark Street zum Frühstück oder Brunch (2). Jetzt links in die Henry Street und rechts in die Montague Street, für einen Kaffee oder einen Bagel (3). Gehe weiter zur Promenade (4). Biege rechts ab und verlasse sie. Nun links in die Columbia Heights und links in den Park zur Brücke mit Blick auf Manhattan (5). Hinter der Brücke rechts (6) und kaufe dir ein Eis (7) oder einen Kaffee auf der anderen Straßenseite (8). Danach über die Brücke und rechts in die Water Street. Biege links in die New Dock Street ein und fahre Karussell (9). Auf der anderen Straßenseite kannst du shoppen und essen (10). Nimm den Ausgang an der Water Street und bestelle eine Schokolade (11). Laufe am Ausgang nach rechts und wieder rechts in die Main Street für ein Bier (12). Jetzt ein Stück zurück und rechts in die Water Street. Mache an der Kreuzung mit der Washington Street ein perfektes Foto (13). Nun rechts in die Washington Street und links in die Front Street. Gehe unter der Brücke hindurch zum Einkaufen (14). Über die Front Street zurück und links in die Washington Street. Jetzt weiter bis zum zweiten *overpass*. Hier kannst du die Treppe zur Brooklyn Bridge nach oben laufen (15). Halte dich rechts und schaue dir das Municipal Building (16) an und kaufe Souvenirs (17). Laufe weiter zum Obersten Gerichtshof (18). Gehe zurück, dann in den Park und sieh dir an, wo der Bürgermeister arbeitet (19). Am Springbrunnen rechts und betrachte das einst höchste Gebäude der Welt (20). Biege links in den Broadway ein und besuche die Kathedrale (21). Jetzt rechts in die Fulton Street. Gehe über Oculus (22) zum 9/11 Memorial (23) und genieße die Aussicht auf das One World Trade Center (24). Überquere die West Street zum Shoppen (25) oder Essen (26). Kehre um, gehe rechts um das Denkmal herum, über die Liberty Street zum Broadway. Biege zur Trinity Church (27) ab. Gehe links in die Wall Street (28) (29). Gehe auf der Broad Street an *Fearless Girl* vorbei und links in die S William Street. Nun die erste Straße rechts, gleich wieder links und bestelle dort eine Pizza (30). Drehe dich um, gehe links, dann rechts und besuche Fraunces Tavern (31). An der Kreuzung in die Bridge Street und biege rechts ab zum Bullen (32). Drehe dich um und gehe den Broadway entlang zum Park (33). Über das Wasser und am Parkausgang rechts zur Fähre (34). Verlasse den Terminal und gehe rechts, am Wasser entlang und kaufe etwas zu essen (35). Laufe zum Pier 17 (36), gehe hinüber, um Bücher zu kaufen (37), und beende die Route mit einem Museumsbesuch (38).

SEHENSWÜRDIGKEITEN

(1) Die **Borough Hall** wurde 1848 als Rathaus (City Hall) des Stadtteils Brooklyn erbaut. Als Brooklyn 1898 Teil von New York City wurde, erhielt sie ihren heutigen Namen. Sie liegt neben dem Columbus Park, wo samstags der schöne Greenmarket stattfindet. Heute dient das denkmalgeschützte Gebäude als Büro des Stadtrats.

209 Joralemon Street, www.brooklyn-usa.org, Mo–Fr 9.00–17.00 Uhr, Eintritt frei, Metro 2, 3, 4, 5 Borough Hall, Metro R Court St.

(15) Der Bau der 1834 Meter langen **Brooklyn Bridge** begann 1870. 13 Jahre später war sie fertiggestellt. Die Anwohner hatten große Angst, die Brücke zu betreten und daher gab es eine spaßige Aktion des Zirkus Barnum & Bailey, um mit 21 Elefanten über die Brücke zu spazieren, darunter der berühmte Jumbo. Natürlich hielt die Brücke dies mit Leichtigkeit. Die neugotischen Steinbögen, die mit Eisenseilen an der Brücke befestigt sind, gelten heute als Wahrzeichen New Yorks. Beim Gang über die Brücke schaust du auf die Skylines von Manhattan und Brooklyn. Besonders in der Abenddämmerung ist es ein schöner Spaziergang. Tipp: Radfahren ist möglich, aber vom Radweg aus hat man keine Aussicht.

Brooklyn Bridge, Metro F York St., Metro A, C High St.

(16) 1909 wurde das beeindruckende **Municipal Building** gebaut, um mehr Büroflächen für das Rathaus zu schaffen. Oben ragt die Kupferstatue *Civic Fame* in die Höhe: eine Dame mit fünfzackiger Krone als Symbol für die fünf Stadtbezirke von New York. Es ist eines der größten Regierungsgebäude der Welt.

1 Centre Street, Mo–Fr 9.00–17.00 Uhr, Eintritt frei, Metro 4, 5, 6, Brooklyn Bridge–City Hall, Metro R, W City Hall, Metro J, Z Chambers St.

(13) Nur wenige Schritte vom Municipal Building liegt **New York City Supreme Court**, der Oberste Gerichtshof des Staates New York. Vielleicht hast du das Gebäude von 1927 schon einmal in einem Film oder einer Serie gesehen. Das Gebäude ist sechseckig, hinter großen römischen Säulen.

60 Centre Street, www.nycourts.gov, nicht öffentlich zugänglich, Metro 4, 5, 6 Brooklyn Bridge–City Hall, Metro R, W City Hall, Metro J, Z Chambers St.

Modern
architecture

⑲ Die **City Hall** ist Sitz des Bürgermeisters, des Stadtrats und verschiedener Gemeindeorgane. Eine kleine Sammlung von Erinnerungsstücken ist hier ausgestellt. An Wochentagen werden kostenlose Führungen angeboten, die im Voraus gebucht werden müssen. Reserviere über die Website (*public tours city hall*).
City Hall Park, www.nyc.gov, Mo–Fr 9.00–17.00 Uhr, Eintritt frei, Metro 4, 5, 6, Brooklyn Bridge–City Hall, Metro R, W City Hall, Metro J, Z Chambers St.

⑳ Das **Woolworth Building** wurde 1913 eröffnet und war 17 Jahre lang mit 241 Metern das höchste Gebäude der Welt. 1930 wurde dieser Rekord durch das etwas höhere 40 Wall Street überboten. Bis 1998 befand sich das Gebäude im Besitz der Woolworth Company, die für ihre *Five and Dime Stores* bekannt war. Die obersten 30 Etagen sind heute Luxuswohnungen.
233 Broadway, www.woolworthbuilding.com, nicht öffentlich zugänglich, Metro 4, 5, 6 Brooklyn Bridge–City Hall, Metro R, W City Hall, Metro A, C, J, Z, 2, 3, 4, 5 Fulton St.

㉑ Die **St. Paul's Chapel** überstand wie durch ein Wunder den Unabhängigkeitskrieg und zwei Terroranschläge auf das World Trade Center ohne größere

Schäden. In den Stunden, Wochen und Monaten nach 9/11 wurden in dieser kleinen Kirche die Feuerwehrleute versorgt, die den Ground Zero aufräumten.
209 Broadway, www.trinitywallstreet.org, Mo–Di & Do–So 10.00–18.00, Mi 11.00–18.00 Uhr, Eintritt frei, Metro 4, 5, 6 Brooklyn Bridge–City Hall, Metro R, W City Hall, Metro A, C, J, Z, 2, 3, 4, 5 Fulton St.

(22) Im Jahr 2016 wurde **Oculus** als Station für das World Trade Center eröffnet. Es ist seit 1909 ein wichtiger Verkehrsknotenpunkt, wurde aber mehrfach umgebaut. Nach dem 9/11-Anschlag entstand ein prächtiges Gebäude, entworfen vom Architekten Santiago Calatrava. Das Gebäude erinnert an die Flügel einer Taube und soll Hoffnung und Liebe symbolisieren. Das Innere ist ein weißer, lichtdurchfluteter Raum. Jeden 11. September um 10.28 Uhr – dem Zeitpunkt des Einsturzes des zweiten Turms – scheint das einfallende Sonnenlicht auf die Mittelachse der Haupthalle. Im Inneren kannst du ausgiebig shoppen.
50 Church Street, www.officialworldtradecenter.com, Mo–Sa 10.00–18.00, So 11.00–18.00 Uhr, Metro R, W Cortlandt St., Metro A, C, J, Z, 2, 3, 4, 5 Fulton St.

(23) Besuche das **9/11 Memorial & Museum** und den **Liberty Park**. Im Museum findet sich eine beeindruckende Ausstellung über den Anschlag auf das World Trade Center. Das Memorial ist ein Denkmal für die Opfer des Terroranschlags vom 11. September 2001; zwei Wasserfälle mit einem Kupfergeländer mit den Namen der Opfer. Im Liberty Park steht das Kunstwerk *The Sphere*, das seit jeher in der Nähe der Zwillingstürme steht, eine sich drehende Skulptur, die Handel und Weltfrieden symbolisiert.
180 Greenwich Street, www.911memorial.org/museum, Mo & Do–So 10.00–17.00 Uhr, Eintritt $ 26, Metro R, W Cortlandt St., Metro A, C, J, Z, 2, 3, 4, 5 Fulton St.

(27) Die **Trinity Church** ist ein beeindruckendes Beispiel für die Wiederentdeckung gotischer Architektur. Nach zwei Rückschlägen ist dies der dritte Bau der Kirche, die ursprünglich 1846 eröffnet wurde. Mit 86 Metern war sie einst das höchste Gebäude in den Docklands von Manhattan. Auf dem Friedhof liegen einige der ersten niederländischen Siedler begraben, ebenso wie der Politiker Alexander Hamilton, einer der *founding fathers* der Vereinigten Staaten.
75 Broadway, www.trinitywallstreet.org, tgl. 8.00–18.00 Uhr, Eintritt frei, Metro 2, 3, 4, 5 Wall St.

(28) Wenn du an die Wall Street denkst, fällt dir vielleicht als Erstes die **New York Stock Exchange** (NYSE) ein. Sie ist die größte Börse der Welt und wurde 1903 eröffnet. Gegenüber der NYSE befindet sich das **Fearless Girl**. Alles begann mit einer Kampagne für die Gleichstellung von Frauen an der Spitze. Die Bronzeskulptur von Kristen Visbal stand seit dem Internationalen Frauentag 2017 dem *Charging Bull* am Broadway direkt gegenüber, bis sich der Designer des Stiers darüber beschwerte. Das Mädchen hat nun seinen festen Platz gegenüber der NYSE.
11 Wall Street, www.nyse.com, Börse nicht öffentlich zugänglich, Metro 2, 3, 4, 5 Wall St., Metro J Broad St.

(29) Wo George Washington einst den Amtseid als erster Präsident der USA ablegte und der Kongress 1789 zum ersten Mal tagte, steht das **Federal Hall National Memorial**. Das heutige Gebäude war ursprünglich das US Custom House und dort wurden einst über dreihundert Millionen Dollar in Silber und Gold aufbewahrt. Jetzt ist es ein Museum über Washingtons Amtseinführung, die Pressefreiheit und die erste *Federal Hall* (Capitol), die an dieser Stelle stand.
26 Wall Street, in Broad Street, www.nps.gov/feha, Mo–Fr 9.00–17.00 Uhr, Eintritt frei, Metro 2, 3, 4, 5 Wall St., Metro J, Z Wall St.

(32) **Charging Bull** ist ein wilder Stier aus Bronze, der 1989 unangekündigt vor der Börse auftauchte. Die Polizei griff ein, aber die New Yorker rebellierten. Seitdem steht die Statue, ein Symbol für finanziellen Optimismus und Wohlstand, im Bowling Green Park. Du wirst feststellen, dass Touristen hauptsächlich ein Foto von den Hoden des Bullen machen und diese berühren. Angeblich bringe das Glück.
Bowling Green, Metro 4, 5 Bowling Green, Metro 1, R, W South Ferry

(38) Natürlich hat New York eine reiche Seefahrtgeschichte. Das **South Street Seaport Museum** wurde 1967 eröffnet und bietet einen Einblick in die Historie. In dem kleinen Museum findest du Kunst, Drucke und Gegenstände aus der Geschichte der amerikanischen Seefahrt. Auf der Wavertree, einem Segelschiff von 1885, das im nahen Hafen vertäut ist, kannst du Tickets für eine geführte Tour kaufen.
12 Fulton Street, www.southstreetseaportmuseum.org, Mi–So 11.00–17.00 Uhr, Eintritt frei, Metro A, C, J, Z, 2, 3, 4, 5 Fulton St., Metro 2, 3 Wall St.

15

27

27

35

ESSEN & TRINKEN

② Im **Clark's Diner** bekommst du ein echtes *American breakfast*. Wie wäre es mit *Pancakes* oder *French toast*? Oder doch lieber ein später Brunch? Die Speisekarte mit ihrer großen Auswahl lässt dich schwindelig werden. Dieses Diner ist seit über 30 Jahren ein Favorit bei den Einheimischen.

80 Clark Street, www.clarksdiner.com, Tel. +1 7188555484, Mo–Sa 8.00–20.00, So 8.00-15.00 Uhr, Pancakes $ 9, Metro 2, 3 Clark St., Metro A, C High St.

③ *Deli's* sind zu einer festen Größe der New Yorker Straßenszene geworden. **Lassen & Hennigs** ist nicht irgendein Deli, es gibt ihn schon seit 1949. Das geräumige Ladenlokal bietet einen großen *sandwich counter*, Gebäck und andere Köstlichkeiten. Es ist beliebt bei Einheimischen, die sich hier gerne ihren *breakfast bagel* und Kaffee holen.

114 Montague Street, www.lassencatering.com, Tel. +1 3477971569, tgl. 7.00–21.00 Uhr, Sandwich $ 8, Metro R Court St., Metro 2, 3, 4, 5 Borough Hall

⑦ Im Fire Boat House bekommst du Eis von **Ample Hills**. Früher war dies eine Kaserne für die Marine, und im Turm wurden Feuerwehrschläuche zum Trocknen aufgehängt. Ample Hills, von einem Ehepaar aus Brooklyn gegründet und nun seit Jahren in ganz Amerika bekannt, verkauft köstliches, stückiges Eis in Geschmacksrichtungen wie *coffee toffee* und *snap mallow pop*. Der *ooey gooey butter cake* ist ihr absoluter Verkaufsschlager.

1 Water Street, www.amplehills.com, Tel. +1 7188520301, Mo–Do 13.00–22.00, Fr–Sa 13.00–23.00 Uhr, Eiskugel $ 5, Metro A, C High St., Metro 2, 3 Clark St.

⑧ Es geht nichts über einen *coffee break* und den kannst du am besten in der wunderbaren Kaffeebar **% Arabica** einlegen. Der Besitzer reiste als Kind um die Welt und wurde als Student süchtig nach dem Starbucks-Erlebnis: Jeden Tag eine gute Tasse Kaffee war für ihn eine der Säulen für ein gutes und glückliches Leben. Später kaufte er eine Kaffeeplantage auf Hawaii und verwirklichte seinen Traum. In diesem schönen Industriegebäude mit großen Glasfassaden kannst du eine Pause machen und die vorbeiziehenden Menschenmassen in Dumbo genießen.

20 Old Fulton Street, www.arabicacoffee.us, Tel. +1 7188652551, tgl. 8.00–20.00 Uhr, Kaffee $ 5, Metro A, C High St., Metro 2, 3 Clark St.

⑫ **Evil Twin Brewing** ist eine kleine Brauerei in Queens, die auch hier in Dumbo einen *taproom* hat. Für Bierliebhaber gibt es mit mindestens 20 Bieren vom Fass viel zu entdecken. Du kannst auch 4er-Packs kaufen; die Dosen sind kreativ gestaltet und haben originelle Geschmacksrichtungen wie *Mic Drop* und *We All Know Why New Yorkers Would Never Wear Open Flip Flops In Public*.

43 Main Street, www.eviltwin.nyc, Mo–Mi 12.00–23.00, Do 12.00–24.00, Fr 12.00–1.00, Sa 10.00–1.00, So 10.00–23.00 Uhr, Bier $ 10, Metro F York St., Metro A, C High St.

㉖ **P.J. Clarke's** ist seit 1868 ein bekannter Name in New York und eröffnete hier seinen zweiten Standort am Hudson. Am ursprünglichen Standort in der 55th Street war Frank Sinatra einst gern gesehener Gast. Die Außenterrasse dieses Lokals bietet einen Blick auf den Luxus-Jachthafen. Der *Cadillac burger* ist das begehrteste Gericht auf der Speisekarte.

250 Vesey Street, www.pjclarkes.com, Tel. +1 2122851500, Di 16.00–21.30, Mi–Fr 11.00–21.30, Sa 10.00–21.30 Uhr, So 10.00–1.00 Uhr, Burger $ 20, Metro R, W Cortlandt St., Metro E WTC, Metro 1 WTC–Cortlandt

(30) In der historischen Stone Street kannst du in **Adrienne's Pizza Bar** Pizza essen. Büroangestellte aus dem Financial District bestellen hier gerne eine *old fashioned pie*. Als die Italiener 1800 kamen, wurden Pizzas noch *pies* genannt und die New Yorker verwenden immer noch diese Bezeichnung. Der *eggplant parm* ist ein *Italian-American classic*, den du unbedingt probieren solltest.
54 Stone Street, www.adriennespizza.com, Tel. +1 2122483838, Mo–Mi 11.30–23.00, Do–Fr 11.30–24.00, Sa 11.30–24.00, So 11.30–22.00 Uhr, $ 20, Metro 2, 3 Wall St., Metro J, Z Broad St., Metro 1, R, W South Ferry

(32) **Fraunces Tavern** ist nicht nur eine Bar und ein Restaurant, sondern auch ein Museum, in dem man etwas über den amerikanischen Unabhängigkeitskrieg erfährt. Hier feierte *founding father* George Washington mit seinen Offizieren den Sieg mit einem festlichen Abendessen. Das Lokal nebenan wirkt wie ein gemütlicher dunkler Pub, in dem Fish and Chips serviert wird.
54 Pearl Street, in Broad Street, www.frauncestavern.com, Tel. +1 2129681776, tgl. 11.00–22.00 Uhr (Bar noch spät geöffnet), $ 24, Metro 2, 3 Wall St., Metro J, Z Broad St., Metro 1, R, W South Ferry

(35) Am Ende der Wall Street, direkt am Wasser, liegt **Industry Kitchen**. Der Name verrät es schon – ein Restaurant im Industriedesign mit schönem Blick auf das Wasser – mit Brooklyn auf der anderen Seite. Vor großen Glasfassaden sitzt man drinnen wie draußen gut. Bei der Eröffnung stand eine *24k gold pizza* auf der Speisekarte: für satte 2000 Dollar. Die heutigen Pizzen sind viel erschwinglicher und schmecken bestimmt auch besser. Die klassische Margarita ist immer ein Hit, aber du kannst auch eine Pizza mit Tortillaboden oder eine Chili-Honig-Pizza bestellen.
70 South Street, www.industry-kitchen.com, Tel. +1 2124879600, tgl. 12.00–23.00 Uhr, Pizza $ 23, Metro 2, 3 Wall St.

SHOPPEN

(11) Patissier **Jacques Torres**, auch bekannt als Mister Chocolate, begann seine schillernde Karriere in Frankreich, wo er bereits mit 26 Jahren zu den besten Patissiers gehörte. 2000 eröffnete Torres seinen ersten Laden hier in Dumbo

Ice ice baby!

und war dann einer der ersten Ladenbesitzer zwischen den verlassenen Lagerhallen. Die Leute erklärten ihn für verrückt, aber er glaubte an das aufstrebende Viertel. Seitdem ist dies der Ort, an dem die Dumbo-Bewohner Schokolade kaufen, und ihr Motto ist: „Die beste Art, drei Dollar in Dumbo auszugeben, ist ein *cookie* von Jacques Torres."

66 Water Street, www.mrchocolate.com, Mo–Fr 12.00–18.30, Sa–So 10.00–19.00 Uhr, Metro F York St., Metro A, C High St.

⑭ Im **Front General Store** triffst du auf eine bunte Sammlung – von Retro-Kleidung bis hin zu feinstem Vintage-Schmuck aus echtem Silber und Gold. Suchst du ausgefallene Postkarten oder einen *bucket hat* als Regenschutz? Dann schaue dich hier um. Wenn du am Wochenende kommst, solltest du unbedingt zum Brooklyn Flea unter dem Manhattan Bridge Archway spazieren. *Vintage lovers* kommen hier voll auf ihre Kosten.

143 Front Street, www.frontgeneralstore.com, Mo–Sa 11.30–19.30, So 10.30–18.30 Uhr, Metro F York St., Metro A, C High St.

⑰ **CityStore** ist der offizielle Souvenirladen von New York. Hier kannst du Fliesen aus einer Metro-Station, authentische Taxi-Plaketten und offizielle Artikel der NYPD (Polizei) und NYFD (Feuerwehr) erwerben.

1 Centre Street, North Plaza, a856-citystore.nyc.gov, Mo–Fr 9.00–16.00 Uhr, Metro 4, 5, 6 Brooklyn Bridge–City Hall, Metro R, W City Hall, Metro J, Z Chambers St.

㊲ Mit „nur" zwei Etagen ist **McNally Jackson Books** sicher nicht die größte Buchhandlung in New York, aber ganz bestimmt eine der bestsortierten. Sie nennen sich selbst das Zentrum der literarischen Welt Manhattans. Hier kann man auf einem bequemen Sofa durch Zeitschriften oder Bücher blättern. Im Café gibt es Kaffee, Sandwiches und Quiches – alles schmeckt lecker.

4 Fulton Street, www.mcnallyjackson.com, tgl. 11.30–19.00 Uhr, Metro A, C, J, Z, 2, 3, 4, 5 Fulton St.

FREIZEITTIPPS

④ Ein Spaziergang entlang der **Brooklyn Heights Promenade** ist etwas, das die New Yorker immer gerne machen. Ein romantischer Spazierweg, der überraschenderweise als Überdachung für die darunter liegende Autobahn gedacht war. Er grenzt an die Hinterhöfe von Brooklyn Heights und von hier hat man einen schönen Blick auf Manhattan.

Montague Street & Pierrepont Street, www.nycgovparks.org, Metro R Court St., Metro 2, 3 Clark St.

⑤ An der **Squibb Park Bridge** vergisst du für einen Moment, dass du dich in einer Weltstadt befindest. Wenn man über die Holzbrücke zwischen den teuren Wohnungen und all dem Grün läuft, kommt Manhattan langsam in Sicht. Die Brücke wurde 2013 eröffnet und 2019 wieder abgerissen, weil sie zu wackelig und damit zu gefährlich war. Der Planer wird seitdem als Tüftler abgewertet. 2020 wurde die Brücke durch eine etwas stabilere Version ersetzt, die Brooklyn Heights mit dem Brooklyn Bridge Park verbindet.

Middagh Street, www.brooklynbridgepark.org, tgl. 6.00–23.00 Uhr, Eintritt frei, Metro A, C High St., Metro 2, 3 Clark St.

⑥ Der **Brooklyn Bridge Park** ist ein zwei Kilometer langer Park am East River, mit Blick auf Manhattan. Vor 2010 war das Gebiet noch Industrie- und Hafengelände. In den letzten Jahren wurde es mit Blick auf Natur und Erholung stark umgestaltet und ist inzwischen ein Ort, an dem man Freunde treffen, Sport treiben und essen kann. Der Park beginnt am Pier 5–6 im Süden und endet in Dumbo.
2 Furman Street, www.brooklynbridgepark.org, Metro A, C High St., Metro 2, 3 Clark St.

⑨ **Jane's Carousel**, ein dreirädriges Karussell von 1922, stand viele Jahre in Youngstown, Ohio. Der Erbauer des Parks, in dem es jetzt steht, kaufte es 1983 mit seiner Frau Jane. Seit 2011 ist es wieder in seinem ursprünglichen Zustand. Noch immer können es Jung und Alt zu einem günstigen Preis genießen.
New Dock Street, www.janescarousel.org, Mai–Sep. Mo & Mi–So 11.00–18.50, Okt.–April Do–So 11.00–17.50 Uhr, Eintritt $ 2, Metro F York St.

⑩ Dieses denkmalgeschützte Gebäude war einst ein Lagerhaus für Kaffee und Zucker. In den letzten Jahren wurde es umfassend renoviert und nun kann man bei **Empire Stores** einkaufen und essen. Sieh dir die Kunst in der öffentlichen Halle an, fahre mit dem Aufzug in den fünften Stock und bestelle etwas an den Theken im **Time Out Market**.
53 Water Street, empirestoresdumbo.com, tgl. 8.00–24.00 Uhr, Eintritt frei, Metro F York St., Metro A, C High St.

⑬ Vom **Washington Street Manhattan Bridge View** hat man einen perfekten Blick auf die Manhattan Bridge, und wenn man genau davorsteht, kann man das Empire State Building unter der Brücke sehen.
39 Washington Street, Metro F York St., Metro A, C High St.

㉔ Das **One World Trade Center**, früher bekannt als Freedom Tower, wurde nach den Anschlägen vom 11. September 2001 erbaut und 2014 eröffnet. In der hundertsten Etage befindet sich ein *observation deck*. Im One World Trade Center werden Wiederaufbau, Glück und Hoffnung als Botschaft vermittelt. Empfehlenswert bei Sonnenuntergang und oben an der Cocktailbar einen Drink nehmen.
285 Fulton St., www.oneworldobservatory.com, Mo, Do–Fr & So 11.00–19.00, Sa 11.00–21.00 Uhr, Eintritt $ 43, Metro R, W Cortlandt St., Metro E WTC, Metro 1 WTC-Cortlandt St.

9

10
Time Out
MARKET
NEW YORK

36

5

13

Urban Exploring

(25) Am New Yorker Jachthafen liegt **Brookfield Place**, ein Einkaufszentrum mit luxuriösen Designerläden. Auf der palmengesäumten Plaza werden regelmäßig Veranstaltungen organisiert. Hier kannst du in einer der vielen Bars im Food Court einen Happen essen oder etwas trinken und zum Hafen laufen, wo du draußen sitzen kannst.

230 Vesey Street, www.bfplny.com, Mo–Sa 10.00–20.00, So 12.00–18.00 Uhr, Metro R, W Cortlandt St., Metro E WTC, Metro 1 WTC–Cortlandt

(33) **The Battery** ist der neue Name für den bekannten Battery Park. Besuche **Castle Clinton**, das auf einer künstlichen Insel errichtet und 1811 als Schutz des Hafens vor den Engländern fertiggestellt wurde. Von 1855 bis 1890 kamen über acht Millionen Einwanderer hier an. Hier kaufst du Fahrkarten für die Bootsfahrt zur Freiheitsstatue und nach Ellis Island. Besichtige das **Netherlands Monument**, das die Niederlande 1926 der Stadt New York schenkten. Es erinnert an die Ankunft der Ostindien-Kompanie im Jahr 1609, mit der Ankunft der Halve Maen, mit Henry Hudson an Bord.

State Street & Battery Place, www.thebattery.org, Metro 4, 5 Bowling Green, Metro 1 R, W South Ferry

(34) Eine Überfahrt mit der **Staten Island Ferry** ist eine kurzweilige und kostenlose Möglichkeit, um die Freiheitsstatue und die New Yorker Skyline zu sehen. Die Fähre wird außer von Touristen vor allem von Pendlern aus Staten Island genutzt. Die Hin- und Rückfahrt dauert insgesamt knapp eine Stunde und man muss nie lange warten. Verlasse die Fähre auf Staten Island und gehe zurück zum Eingang, um mit dem dort ablegenden Schiff zurückzufahren.

Whitehall Terminal, www.siferry.com, 24 Stunden geöffnet, freie Überfahrt, Metro 4, 5 Bowling Green, Metro 1, R, W South Ferry

(36) New York, umgeben von Wasser, hat unzählige Piers. Eine Reihe dieser Piers haben in den letzten Jahren eine große Umgestaltung erfahren, darunter **Pier 17**, 2018 eröffnet. Mit einem atemberaubenden Blick auf die Brooklyn Bridge kannst du hier in einem der sieben Restaurants speisen oder auf dem *rooftop* ein Konzert besuchen. Das **Restaurant Fulton** hat die beste Aussicht.

89 South Street, www.pier17ny.com, tgl. 11.00–23.00 Uhr, Hauptgericht Restaurant Fulton $ 40, Metro A, C, J, Z, 2, 3, 4, 5 Fulton St., Metro 2, 3 Wall St.

ROUTE 3

SOHO, WEST VILLAGE, THE HIGH LINE & HUDSON YARDS

INFOS ZUR ROUTE

Auf dieser Route lernst du einige der charmanten Viertel New Yorks kennen. Entdecke Designer-Boutiquen und hippe Restaurants in den trendigen Vierteln NoLita und SoHo und genieße im romantischen Greenwich Village schattige Straßen und die wunderschöne Architektur des 18. und 19. Jahrhunderts. Spaziere entlang The High Line mit Blick auf den Hudson zu den hochmodernen Hudson Yards.

DIE VIERTEL

Südlich der 14th Street unterscheiden sich die New Yorker Stadtteile deutlich von ihren *uptown* gelegenen Pendants. **Little Italy** hat den Charme eines alten italienischen Dorfes. Nur dass dieses Dorf mitten in einer großen Weltstadt liegt. Hier kannst du köstlich essen. Das trendige Viertel **NoLita** (kurz für North of Little Italy) liegt in einem Viereck, das von East Houston, Bowery, Broome Street und LaFayette eingerahmt wird. Vor allem die Elizabeth Street ist für ihre schönen Läden und Boutiquen bekannt. Weil sie so klein ist, kann man direkt nach SoHo gehen, ohne es wirklich zu merken. SoHo (kurz für South of Houston Street) war ursprünglich ein echtes Industriegebiet mit Fabriken und Lagerhäusern, aber heute ist das Viertel hip und ein Trendsetter in Sachen Mode. Mit seinen imposanten gusseisernen Lagerhäusern, Luxusboutiquen, Modehäusern und Galerien gehört es zu den besten *shopping hoods* in New York.

Innerhalb von **Greenwich Village** liegt das Viertel **West Village**, das auch als „Little Bohemia" bekannt ist. Hier leben viele berühmte Stars, mit dem dazugehörigen *bohemian* Lifestyle. Im **Washington Square Park** gehören sehen und gesehen werden zur Atmosphäre.

Seit seiner Eröffnung 2009 hat der Park **The High Line** viele Besucher angezogen. Er liegt auf einer alten Eisenbahnlinie, etwa zehn Meter über den Straßen

Manhattans. Der Weg durch den Park führt durch und an den Gebäuden vorbei, in denen früher die Züge ihre Fracht löschten. Da es in dieser Gegend relativ viele niedrige Gebäude gibt, hat man einen weiten Blick über den Hudson und Manhattan.

Hudson Yards ist das neue Schmuckstück der Stadt und mit seinen Wolkenkratzern ein modernes Gegenstück zu den vielen Flachbauten in den vorher genannten Vierteln. *Hip and happening*, mit einer Mischung aus Luxusgeschäften und Restaurants und einer einzigartigen Aussicht, wenn du das **Edge** besuchst.

WENIG ZEIT? DAS SIND DIE HIGHLIGHTS:
GREENE STREET + WASHINGTON SQUARE PARK + CHELSEA MARKET + THE HIGH LINE + EDGE

TIPPS

// Ein Muss beim ersten New-York-Besuch
// Super Route für Feinschmecker
// Besuch am Edge bei Sonnenuntergang

SOHO, WEST VILLAGE, THE HIGH LINE & HUDSON YARDS

1. La Bella Ferrara
2. Christmas in New York
3. Di Palo's Fine Foods
4. Baz Bagel
5. Maman
6. The Police Building
7. Eileen's Special Cheesecake
8. The Butcher's Daughter
9. Rintintin
10. Fiat Café
11. Van Leeuwen Ice Cream
12. MoMA Design Store
13. Greene Street / King of Green Street
14. Leslie Lohman Museum
15. Flipper's
16. La Durée
17. The Dutch
18. Washington Square Park
19. Washington Mews
20. Greenwich Letterpress
21. Joseph Leonard
22. The Stonewall Inn / Christopher Park
23. Buvette
24. Friends Apartment / The Little Owl
25. Townhouse Carrie Bradshaw
26. Magnolia Bakery
27. Whitney Museum of American Art
28. The Standard Biergarten
29. Little Island
30. Chelsea Market / The Lobster Place
31. The High Line
32. Vessel
33. Hudson Yards
34. Edge
35. Mercado Little Spain

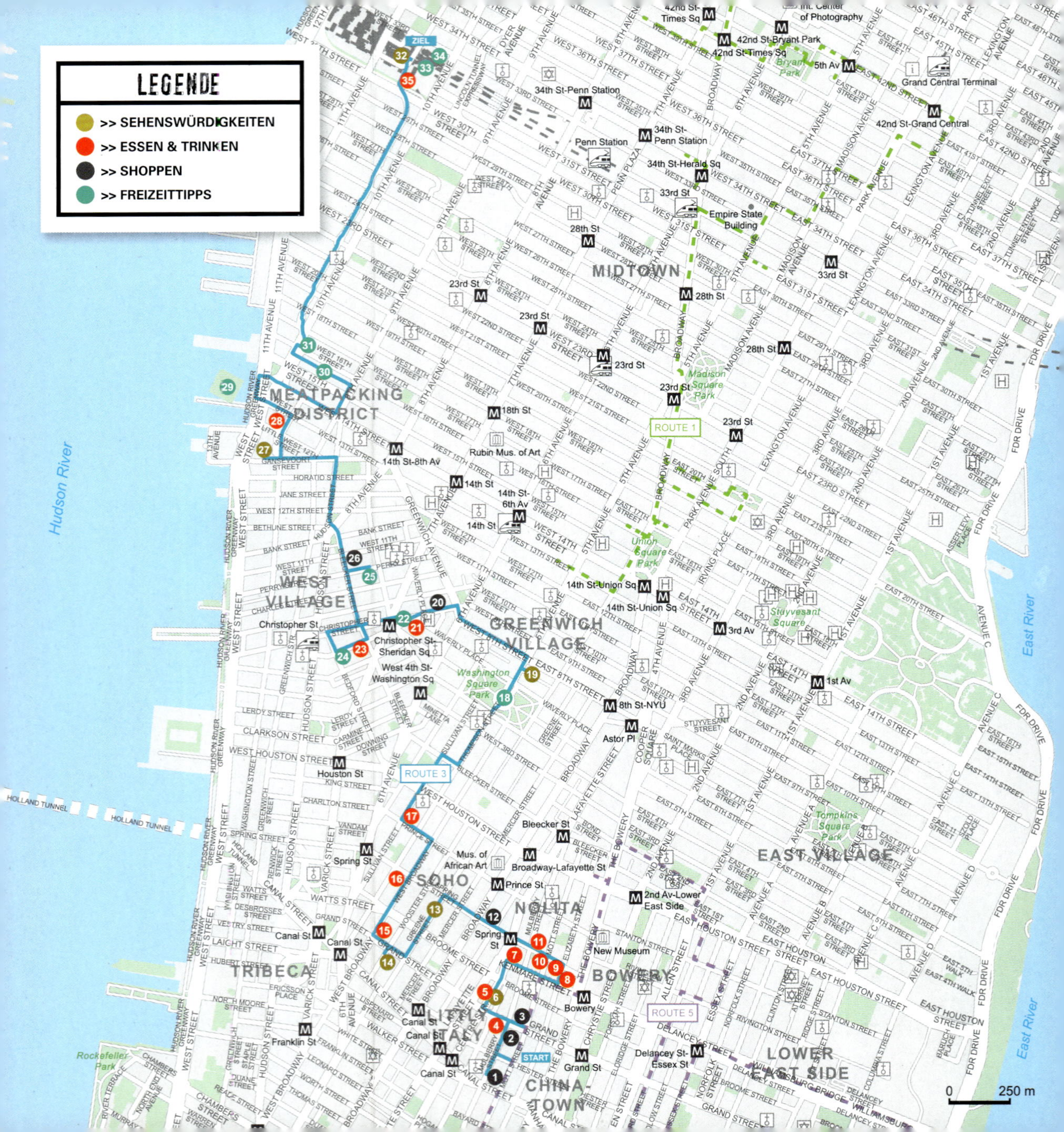

LEGENDE
>> SEHENSWÜRDIGKEITEN
>> ESSEN & TRINKEN
>> SHOPPEN
>> FREIZEITTIPPS
ZIEL
START
ROUTE 1
ROUTE 3
ROUTE 5
MIDTOWN
MEATPACKING DISTRICT
WEST VILLAGE
GREENWICH VILLAGE
SOHO
NOLITA
TRIBECA
LITTLE ITALY
CHINA-TOWN
BOWERY
EAST VILLAGE
LOWER EAST SIDE
Hudson River
East River
HOLLAND TUNNEL
Penn Station
34th St-Penn Station
34th St-Herald Sq
Empire State Building
Grand Central Terminal
42nd St-Grand Central
42nd St-Bryant Park
42nd St-Times Sq
Bryant Park
5th Av
Madison Square Park
Union Square Park
14th St-Union Sq
Rubin Mus. of Art
Washington Square Park
West 4th St-Washington Sq
Christopher St-Sheridan Sq
Christopher St
Stuyvesant Square
Tompkins Square Park
Astor Pl
8th St-NYU
Mus. of African Art
Broadway-Lafayette St
Bleecker St
Prince St
Spring St
Houston St
Canal St
Franklin St
New Museum
2nd Av-Lower East Side
Delancey St-Essex St
Grand St
Bowery
1st Av
3rd Av
Rockefeller Park
0
250 m

BESCHREIBUNG ROUTE 3 (ca. 8,8 km)

Beginne die Tour am Little Italy *sign* an der Kreuzung Mott Street und Hester Street. Gehe links in die Mulberry Street, um italienische Kekse zu kaufen 1. Laufe zurück und überquere die Straße für echte Weihnachtsstimmung 2. Biege rechts ab zu italienischen Köstlichkeiten 3. Gehe zurück zur Grand Street und bestelle einen Bagel 4. Jetzt rechts in die Centre Street zum Brunch 5 und zu einer alten Polizeistation 6. Weiter geradeaus in die Kenmare Street für Mini-Cheesecakes 7. Am Ausgang links in die Kenmare Street und du kannst ein veganes Mittagessen zu dir nehmen 8. Links in die Elizabeth Street und wieder links in die Spring Street für ein mediterranes Essen 9. Biege ein Stück weiter links ab, um italienisch zu essen 10 oder folge der Spring Street für ein „niederländisches" Eis 11. Gehe weiter, um Design zu kaufen 12, danach links in die Greene Street, um schöne Architektur zu sehen 13. Jetzt rechts in die Grand Street und links zu einem LGBTQ-Museum 14. Kehre zur Grand Street zurück, links und danach rechts auf den West Broadway, um fluffige Pancakes zu essen 15. Weiter den Broadway hinauf und kaufe Macarons 16 oder links in die Prince Street zum Brunch im The Dutch 17. Jetzt rechts in die Sullivan Street und rechts in die Bleecker Street. Biege links in die Thompson Street ein und laufe durch den Park 18. Überquere den Washington Square North und sieh dir die alte Straße auf der rechten Seite an 19. Biege links in die 8th Street ein und danach links in die Christopher Street. Kaufe hier Karten 20, halte dich links und gehe in die Grove Street zu einer Terrasse 21. Gehe durch den Park zurück zur Christopher Street und erfahre mehr über die *gay community* 22. Biege links in die Bleecker Street und gleich wieder rechts ab. Hier kannst du brunchen 23 und das Apartment von *Friends* sehen 24. Biege zweimal rechts ab und dann links in die Bleecker Street. Jetzt rechts in die Perry Street, um das Apartment aus *Sex and The City* 25 anzuschauen. Gehe weiter die Bleecker Street hinunter für Cupcakes oder *banana pudding* 26. Spaziere weiter auf der Hudson Street und biege links in die Gansevoort Street und sieh dir Kunst an 27. Gehe zurück und nach links für ein Bier in die Washington Street 28 und dann links zu einer kleinen Insel 29. Überquere diese und gehe die 14th Street entlang. Biege links in die 9th Avenue ein und betrete den Chelsea Market 30. Am Ausgang an der 10th Avenue biege rechts in die 16th Street und halte Ausschau nach den Treppen zu The High Line 31. Gehe weiter, bis du das Vessel 32 erreichst. Kaufe in Hudson Yards ein 33, genieße die Aussicht 34 und genieße zum Abschluss Tapas 35.

SEHENSWÜRDIGKEITEN

⑥ **The Police Building** wurde 1909 von Hoppin & Koen gebaut. Das NYC Police Department war bis 1973 hier. 1988 wurde das Gebäude in Luxuswohnungen umgewandelt. Mit dem französischen Beaux-Art-Stil und französischen Läden in der Centre Street haben die Ladenbesitzer die Straße in Little Paris umbenannt.
240 Centre Street, nicht öffentlich zugänglich, Metro 6 Spring St., Metro J, N, Q, R, W, Z, 6 Canal St.

⑬ In der **Greene Street** befinden sich einige der schönsten gusseisernen Gebäude von SoHo. Das Haus Nummer 72–76, **King of Greene Street**, ist ein Highlight des Viertels. Tritt einen Schritt zurück und betrachte die hohen Fenster und korinthischen Säulen.
72–76 Greene Street, zwischen Spring und Broome Street, nicht öffentlich zugänglich, Metro 6 Spring St., Metro R, W Prince St.

⑭ Das **Leslie Lohman Museum** wurde 2016 eröffnet. Es ist speziell auf LGBTQ+-Kunst ausgerichtet. Seit 1969 sammelten Frederic Lohman und Charles Leslie *gay art* in ihrer Wohnung in SoHo. In der Zeit der AIDS-Pandemie musste die Kunst vieler schwuler Künstler vor der Zerstörung gerettet werden, weil sich die Angehörigen dafür schämten. Nach jahrelanger Suche nach finanzieller Unterstützung und Gründung einer gemeinnützigen Organisation wurde das Museum eröffnet.
26 Wooster Street, www.leslielohman.org, Fr–So 12.00–18.00 Uhr, Eintritt $ 10, Metro 1, A, C, E Canal St.

⑲ Mitten in Manhattan liegt eine von Zäunen umgebene Privatstraße: **Washington Mews**. Die *mews* („Reihe von Ställen") waren zum Ausruhen der Pferde gedacht und geben einen guten Eindruck davon, wie New York im 19. Jahrhundert aussah. Die Gebäude sind heute hauptsächlich Büros der New York University.
60 Washington Mews, tgl. 7.00–23.00 Uhr, Metro R, W 8th St.–NYU, Metro 6 Astor Place

㉗ Das **Whitney Museum of American Art** ist eine Sammlung von Amerikas verschiedensten künstlerischen Ausdrucksformen des 20. und 21. Jahrhunderts. Von Jasper Johns und Andy Warhol bis hin zu Bettdecken, Videos und Skulpturen. Bei

Feel the history

der jährlichen Whitney Biennial stehen unbekannte Künstler im Rampenlicht. Das ursprüngliche Museum in Greenwich Village wurde 1931 von der Bildhauerin und Kunstsammlerin Gertrude Vanderbilt Whitney mit 700 Werken aus eigenem Besitz gegründet. Heute umfasst die Sammlung etwa 18000 Kunstwerke. Der Architekt Renzo Piano entwarf das neue Gebäude des Whitney, das 2015 eröffnet wurde.
99 Gansevoort Street, www.whitney.org, Mo & Mi–Do 10.30–18.00, Fr 10.30–22.00, Sa–So 11.00–18.00 Uhr, Eintritt $ 25, Metro A, C, E, 1, 2, 3 14th St., Metro L 8 Ave.

(32) 2019 eröffnete **Vessel**, ein kupferfarbenes Kunstobjekt von Thomas Heatherwick (der auch Little Island Park entwarf). Der Kunde wünschte sich das Bild eines zeitlosen Weihnachtsbaums, der bestiegen werden kann. Das Gebäude weckt bei jedem andere Assoziationen, etwa eine Bienenwabe oder – wie der Name vermuten lässt – einen Schiffsrumpf. Vessel besteht aus 16 miteinander verbundenen Etagen und 154 Treppen. Von hier aus hat man einen tollen Blick auf den Hudson.
20 Hudson Yards, www.hudsonyardsnewyork.com/discover/vessel, siehe Website für Öffnungszeiten, Eintritt $ 10, Metro 7 34th St.–Hudson Yards, Metro A, C, E 34th St.–Penn Station

ESSEN & TRINKEN

④ Die Locals holen sich ihren *breakfast bagel* gerne im **Baz Bagel**. Es kann viel los sein, aber man wird schnell bedient. Die hausgemachten Bagels sind ein großer Hit und Touristen sind besonders von den *rainbow bagels* angetan. Locals wählen lieber einen *everything bagel* (Mischung aus u. a. Mohn, Zwiebeln und Sesam). Einer der Besitzer hat einige jüdische Köstlichkeiten auf die Speisekarte gesetzt.

181 Grand Street, www.bazbagel.com, Tel. +1 2123350609, Mo–Fr 7.30–14.00, Sa–So 7.30–15.00 Uhr, breakfast bagel $ 10, Metro B, D Grand St., Metro J, N, Q, R, W, Z, 6 Canal St.

⑤ Bei **Maman** mit rustikalem blau-weißem Interieur und schöner rustikaler Theke mit den leckersten Sandwiches und Gebäck fühlt man sich gleich zu Hause. Der Brunch ist empfehlenswert. Sie verkaufen hier auch ihr eigenes Geschirr und Accessoires und haben für alle Liebhaber ihr eigenes Kochbuch herausgebracht. Der *nutty chocolate chip cookie* wurde als eines von *Oprah's favorite things* bekannt.

239 Centre Street, www.mamannyc.com, Tel. +1 2122260700, Mo–Fr 7.30–18.00, Sa–So 8.00–18.00 Uhr, Sandwich $ 15, Metro 6 Spring St., Metro J, N, Q, R, W, Z, 6 Canal St.

⑦ Eileen Avezzano begann 1975 mit dem Verkauf ihrer Cheesecakes und sah in diesem Ort ihre *lucky corner*. Wenn du in New York bist, solltest du unbedingt ein Stück Cheesecake probieren, und dafür ist **Eileen's Special Cheesecake** der richtige Ort. Hier werden mehr als 40 leckere Geschmacksrichtungen verkauft. Das Schöne ist, dass sie auch Mini-Cheesecakes im Angebot haben, sodass man gleich verschiedene Sorten probieren kann.

17 Cleveland Place, www.eileenscheesecake.com, Tel. +1 2129665585, tgl. 11.00–19.00 Uhr, Mini-Cheesecake $ 5, Metro 6 Spring St., Metro J, N, Q, R, W, Z, 6 Canal St.

⑧ In der Juicebar und dem Café **The Butcher's Daughter** erwartet dich ein gutes Frühstück oder ein gesundes Mittagessen mit frischem Saft oder Smoothie. Große Fleischstücke brauchst du hier trotz des Namens nicht zu erwarten, denn alles ist vegan. Sie behandeln ihr Obst und Gemüse „wie ein Metzger sein Fleisch". Das Interieur hat einen kühlen industriellen „Metzger"-Look, aber mit einem frischen Twist. Der B.L.A.T. ist sehr empfehlenswert, mit einzigartigem veganem Speck aus eigener Herstellung.

19 Kenmare Street, www.thebutchersdaughter.com, Tel. +1 2122193434, Mo–Do & So 8.00–21.00, Fr–So 8.00–22.00 Uhr, Sandwich $ 13, Metro J, Z Bowery, Metro 6 Spring St.

(9) Das **Rintintin** ist ein angesagtes Restaurant mit mediterraner Küche, vielen Pflanzen und einer gemütlichen Außenterrasse. Einheimische kommen gern zum Wochenendbrunch, und wie es die New Yorker gewohnt sind, ist es hier ganz normal, seine Gerichte mit den Tischnachbarn zu teilen. Sehr zu empfehlen ist der *mezze plate* oder die *dinner specials* des Küchenchefs. Eher Lust auf einen Drink? Auch das geht an der einladenden Bar. Eine Reservierung ist zu empfehlen.

14 Spring Street, www.rintintinnyc.com, Tel. +1 6466660114, Mo 17.00–24.00, Di–Mi 12.00–1.00, Do–Fr 12.00–2.00, Sa 11.00–2.00, So 11.00–24.00 Uhr, kleines Gericht $ 16, Metro J, Z Bowery, Metro 6 Spring St.

(10) Wenn man dieses süße kleine Café sieht, möchte man sofort hineingehen. Das **Fiat Café** ist mit Drucken und Dutzenden Mini-Fiats 500 dekoriert; du wirst staunen. Die Speisekarte ist italienisch, amerikanisch und ein bisschen französisch und die Gerichte sind erschwinglich.

203 Mott Street, www.fiatcafenyc.com, Tel. +1 2129691809, tgl. 8.00–23.00 Uhr, Pasta $ 14, Metro J, Z Bowery, Metro 6 Spring St.

(11) Ben und Pete van Leeuwen, Söhne eines niederländischen Vaters, eröffneten mit der Australierin Laura 2008 **Van Leeuwen Ice Cream**. Zunächst diente ihnen ein kleiner Imbisswagen in SoHo als Laden. Inzwischen ist die Eismarke in New York etabliert und zu einer der bekanntesten Eisdielen geworden, auch wenn man Van Leeuwen hier *Wen-Lu-En* ausspricht. Zusätzlich zum regulären Angebot gibt es wöchentliche Specials und viele vegane Varianten wie *Pumpkin Cinnamon Roll* und *Chocolate Chip Cookie Dough*. Weitere *scoop shops* findest du im Rockefeller Center (1250 6th Avenue) und in SoHo (61 W Houston Street).

45 Spring Street, www.vanleeuwenicecream.com, Tel. +1 9176393147, tgl. 11.00–24.00 Uhr, Eis $ 5, Metro J, Z Bowery, Metro 6 Spring St.

30
CHELSEA
WINE
VAULT

8

17

4
Lunch all afternoon

4
646
780

(15) Die japanische Variante eines Pfannkuchens wird im **Flipper's** serviert. Die frische und fröhliche Atmosphäre des Restaurants ist äußerst einladend und die luftigen *soufflé pancakes* gibt es in vielen Geschmacksrichtungen, von süß bis herzhaft. Auf der Karte stehen auch leckere Sandwiches.
337 West Broadway, www.flippersus.com, Tel. +1 9172658292, tgl. 10.00–16.00 Uhr, $ 17, Metro 1, A, C, E Canal St.

(16) Das französische **La Durée** ist seit 1862 ein Begriff und bekannt für seine Macarons. Diese kannst du natürlich auch hier im schönen Café im Barockstil kaufen, aber Brunch oder Abendessen solltest du unbedingt im Garten genießen: Du wirst dich wie an einem Frühlingstag in Paris fühlen.
398 West Broadway, www.laduree.us, Tel. +1 6463927868, Mo–Di 10.00–18.00, Mi–Fr 10.00–23.00, Sa–So 9.00–23.00 Uhr, Schachtel mit 6 Macarons $ 21, Hauptgericht $ 26, Metro C, E Spring St., Metro J, N, Q, R, W, Z, 6 Canal St.

(17) Auch wenn man denken könnte, hier würde niederländisches Essen serviert, so ist **The Dutch** 100 % amerikanisch. 2011 wurde es zum besten Restaurant des Jahres gewählt, und das aus gutem Grund. Die Speisekarte bietet feine Gerichte und es gibt eine schöne Außenterrasse. Leute beobachten, das kannst du hier am besten beim köstlichen Brunch.
131 Sullivan Street, www.thedutchnyc.com, Tel. +1 2126776200, Mo–Mi 12.00–15.00 & 17.00–21.00, Do–Fr 12.00–15.00 & 17.00–22.00, Sa 10.00–15.00 & 17.00–22.00, So 10.00–15.00 & 17.00–21.00 Uhr, Brunch-Gericht $ 24, Metro C, E Spring St., Metro 1 Houston St, Metro R, W Prince St.

(21) Im **Joseph Leonard** fühlt man sich wie in einem Wohnzimmer. Es ist ein Lieblingsrestaurant der Locals, mit amerikanischer Speisekarte. Im stimmungsvollen Restaurant mit Außenterrasse am Christopher Park kannst du Brunch oder Abendessen genießen oder einen Cocktail an der Bar nehmen. Vorher reservieren.
170 Waverly Place, www.josephleonard.com, Tel. +1 6464298383, Mo 9.00–22.00, Di–Mi 9.00–23.00, Do–Fr 9.00–24.00, Sa 10.30–24.00, So 10.30–22.00 Uhr, $ 25, Metro 1 Christopher St., Metro F, M, 1, 2, 3 14th St.

(23) Mitten im West Village, in einer von *brownstones* gesäumten Straße, liegt **Buvette**. Drinnen ist es ein wenig eng, aber sehr gemütlich, und zur Straße hin

liegt eine belebte Terrasse. Buvette hat ein köstliches Frühstücks- und Brunch-Menü mit drei Arten *croques*. Das Restaurant ist bei den Locals sehr beliebt. Gleich um die Ecke befindet sich die bekannte Wohnung aus *Friends*.
42 Grove Street, www.ilovebuvette.com, Mo–Do & So 8.00–23.00, Fr–So 8.00–24.00 Uhr, $ 16, Metro 1 Christopher St., Metro F, M, 1, 2, 3 14th St.

(28) Versteckt unter The High Line liegt **The Standard Biergarten**. Hier kannst du eine altmodische Partie Tischtennis spielen. Der Biergarten lockt Einheimische, Touristen und berufstätige New Yorker an, wobei im Oktober natürlich das Oktoberfest stattfindet. Auf der Bierkarte stehen einige deutsche Klassiker, aber auch in New York gebraute Biere wie Montauk und Three's Brewery.
848 Washington Street, im Standard Hotel, www.standardhotels.com, Tel. +1 2126454646, Mi–Do 15.00–24.00, Fr 14.00–1.00, Sa 12.00–1.00, So 12.00–24.00 Uhr, deutscher Imbiss $ 8, Metro A, C, E, 1, 2, 3 14th St., Metro L 8 Ave.

(35) **Mercado Little Spain** ist eine *food hall*, in der man in spanisches Lebensgefühl eintauchen kann. Dem spanisch-amerikanischen Chefkoch José Andrés ist es gelungen, das Konzept der typisch spanischen *mercados* von Barcelona nach New York zu bringen. Genieße kleine Tapas und eine Gazpacho, begleitet von einer Sangria. Neben den kleinen Bars gibt es drei sehr gute Restaurants mit umfangreichen Speisekarten.
10 Hudson Yards, www.littlespain.com, Tel. +1 6464951242, tgl. 11.00–21.00 Uhr, Tapas $ 12, Metro 7 34th St.–Hudson Yards, Metro A, C, E 34th St.–Penn Station

SHOPPEN

(1) In Little Italy solltest du unbedingt einige Leckereien im **La Bella Ferrara** kaufen. Am beliebtesten ist *cannoli*, eine Gebäckrolle mit süßer Ricotta-Füllung. Auch *sfogliatelle*, ein cremiges Blätterteiggebäck, ist definitiv zu empfehlen. Wenn du am Wochenende kommst, ist es gut möglich, dass der Besitzer abends italienische Lieder singt.
108 Mulberry Street, Mo–Do 10.00–19.00, Fr & So 9.00–20.00, Sa 9.00–22.00 Uhr, Metro J, N, Q, R, W, Z, 6 Canal St.

2

1

1
COFFEE
ESPRESSO
CAPPUCCINO

12
ROSIE REVERE ENGINEER

12

Get your souvenirs

② *Love it or hate it*, aber bei **Christmas in New York** ist das ganze Jahr Weihnachten. Auch wenn du im Frühling ein Souvenir mit nach Hause nehmen möchtest, findest du hier farbenfrohe Weihnachtsdeko mit New-York-Motiven. Im Erdgeschoss befindet sich ein kleines Weihnachtsmuseum für echte Weihnachtsfans.
142 Mulberry Street, www.christmasandcity.com, Fr–So 12.00-20.00 Uhr, Metro B, D Grand St., Metro J, N, Q, R, W, Z, 6 Canal St.

③ **Di Palo's Fine Foods** wurde 1925 eröffnet und ist ein italienischer Familienbetrieb, der auf Essen und Wein spezialisiert ist. Wenn du traditionelle italienische Produkte suchst, solltest du hier unbedingt vorbeischauen. Die Käsesorten sind sehr empfehlenswert und das Personal lässt dich gern probieren.
200 Grand Street, FB @dipalofinefoods, Mo–Sa 9.30–18.00, So 9.30–17.00 Uhr, Metro B, D Grand St., Metro J, N, Q, R, W, Z, 6 Canal St.

⑫ Im **MoMA Design Store** kannst du auf zwei Etagen Design und Kunst kaufen. Bemalte Skateboards, ausgefallene Wohnaccessoires, luxuriöse Bildbände; die Auswahl ist unglaublich vielfältig. Schau unbedingt vorbei, wenn du auch das MoMA (in Midtown) besuchen willst.
81 Spring Street, store.moma.org, tgl. 11.00–19.00 Uhr, Metro 6 Spring St., Metro R, W Prince St.

⑳ Was auch immer du suchst, bei **Greenwich Letterpress** wirst du bestimmt fündig. Dieser altmodische Laden voller Karten und allem, was aus Papier ist, ist wirklich viel schöner als jede durchschnittliche Kartenabteilung! Die Karten sind fast alle selbst entworfen und mit *letterpress* gedruckt, einem klassischen Prägeverfahren, das wieder in Mode ist.
15 Christopher Street, www.greenwichletterpress.com, Di–Sa 11.00–19.00, So 12.00–18.00 Uhr, Metro 1 Christopher St., Metro F, M, 1, 2, 3 14th St.

㉖ Dass du in der Nähe der **Magnolia Bakery** bist, erkennst du wahrscheinlich an den vielen Leuten, die mit weißen Schachteln in der Hand vorbeilaufen. Darin befinden sich die süßen Cupcakes, die durch die Fernsehserie *Sex and the City* berühmt wurden. Wenn du keinen Cupcake möchtest, probiere den *banana pudding*.
401 Bleecker Street, www.magnoliabakery.com, Mo–Do & So 10.00–21.00, Fr–Sa 10.00–22.00 Uhr, Metro 1 Christopher St., Metro A, C, E, F, M, 1, 2, 3 14th St.

FREIZEITTIPPS

⑱ Der **Washington Square Park** ist einer der berühmtesten Parks in New York. Sehen und gesehen werden ist das Gefühl, das man hier bekommt. Er ist ein Ort der Begegnung für die buntesten Menschen der Stadt und ein schöner Ort, um einfach im Gras die Beine auszustrecken. Der 1895 erbaute **The Arch** ist das Prunkstück, aber schau dir auch die klassischen Häuser im Greek-Revival-Stil rund um den Park an. Natürlich kannst du im großen Springbrunnen in der Mitte die Füße ins Wasser stecken.

Washington Square Park, www.nycgovparks.org, tgl. 6.00–24.00 Uhr, Metro A, B, C, D, E, F, M West 4th St.

㉒ **The Stonewall Inn** ist ein nettes, einladendes Lokal. Es wurde 1967 von Mafiaboss „Fat Tony" eröffnet und richtete sich an ein homosexuelles Publikum. Das war in jenen Jahren noch strafbar, was zu vielen Polizeirazzien und, Ende Juni 1969, zu den berühmten *Stonewall riots* führte. In Erinnerung an diese Unruhen werden jedes Jahr Gay Pride Parades organisiert. **Christopher Park** und Umgebung sind ein Symbol für die Emanzipation der Homosexuellen. Der Park ist ein schöner Ort zum Verweilen. Um ihn herum, vor allem in der Christopher Street, finden sich allerlei Gay-Bars und -Geschäfte.

53 Christopher Street, www.thestonewallinnnyc.com, Mo–Fr 14.00–4.00, Sa–So 13.00–4.00 Uhr, Metro 1 Christopher St., Metro F, M, 1, 2, 3 14th St.

㉔ Das **Friends Apartment** ist im Vorspann der weltberühmten Serie zu sehen. Immer noch wird dieser Ort von Fans für ein Foto aufgesucht. In der Serie ist nur das Äußere des Gebäudes zu sehen; die Serie selbst wurde im Studio in Los Angeles gedreht. Leider ist das Café darunter nicht das Central Perk, sondern das Restaurant **The Little Owl**, das durchaus einen Besuch wert ist.

90 Bedford Street, nicht öffentlich zugänglich, Metro 1 Christopher St., Metro F, M, 1, 2, 3 14th St.

㉕ Das **Townhouse** in der 66 Perry Street war jahrelang Schauplatz der Serie *Sex and the City*. In dieser romantischen Straße im West Village lebt die Hauptfigur **Carrie Bradshaw**, und die Straße ist seither äußerst beliebt. Jeden Tag machen unzählige Fans Fotos vor dem charmanten *brownstone*. Schön, einmal die Straße

zu sehen, in der die Geschichte dieser legendären Serie gespielt hat. Notiz am Rande: In den ersten drei Staffeln war die Nummer 64 Carries Eingangstür.
66 Perry Street, nicht öffentlich zugänglich, Metro 1 Christopher St., Metro F, M, 1, 2, 3 14th St.

(29) Die Modedesignerin Diane von Fürstenberg und ihr Mann finanzierten den Bau des Parks **Little Island**, der im Mai 2021 eröffnet wurde. Er sieht futuristisch aus, mit den Säulen in Tulpenform. Der Designer Thomas Heatherwick will Besuchern den Eindruck vermitteln, Manhattan für eine Weile hinter sich zu lassen. Über der Wasserlinie schwebend, hat man einen tollen Blick über die Stadt und kann bei Sonnenuntergang verschiedene Aufführungen im Freilichttheater genießen.
Pier 55, www.littleisland.org, tgl. 6.00–23.30 Uhr geöffnet, Eintritt frei, Metro A, C, E, 1, 2, 3 14th St., Metro L 8 Ave.

(30) In dieser alten Fabrikhalle wurden früher Oreo-Kekse gebacken. Heute kannst du den **Chelsea Market** besuchen und dort essen und einkaufen. Das Restaurant **The Lobster Place** ist sehr zu empfehlen. Probiere unbedingt ein *lobster roll*, ein

25

31

Leckerbissen der Ostküste. Suche dir einen Platz in der Halle und halte Ausschau nach ungewöhnlichen Kunstobjekten. Laufe weiter zum Hintereingang, wo ein schöner überdachter Markt mit *local small business* liegt.

75 Ninth Avenue, www.chelseamarket.com, Mo–Sa 7.00–14.00, So 8.00–14.00 Uhr, Metro A, C, E, 1, 2, 3 14th St., Metro L 8 Ave.

(31) **The High Line** ist ein erhöhter Park, der auf einer alten Eisenbahnlinie angelegt ist. Bis 1980 wurde die Bahnstrecke von Güterzügen zur Belieferung der Lagerhäuser genutzt. Seit 1980 ist die Bahnlinie außer Betrieb, und glücklicherweise wurde der geniale Plan gefasst, sie in einen schönen Park zu verwandeln. The High Line verläuft von Gansevoort bis zu den Hudson Yards, etwa 2,5 Kilometer. Unterwegs kannst du auf einem der wunderschön gestalteten Lounge-Sofas ausruhen. Der niederländische Gartenarchitekt Piet Oudolf hat die Bepflanzung geplant. Von The High Line aus hast du einen Blick auf den Hudson River und die alten Lagerhäuser Manhattans.

16th Street und 10th Avenue, www.thehighline.org, tgl. Apr–Mai & Okt.–Nov. 7.00–22.00, Juni–Sep. 7.00–23.00, Dez.–März 7.00–19.00 Uhr, Eintritt frei, Metro A, C, E, 1, 2, 3 14th St., Metro L 8 Ave.

(33) Inmitten des neuen Viertels **Hudson Yards** wurde 2019 das gleichnamige Einkaufszentrum als selbsternanntes neues kulturelles Zentrum von *the West Side* eröffnet. Du findest hier Luxusgeschäfte, Galerien und einige sehr gute Restaurants mit atemberaubendem Blick auf den Hudson. Hier liegt auch der Eingang zum Edge.

20 Hudson Yards, www.hudsonyardsnewyork.com, Mo–Sa 10.00–21.00, So 11.00–19.00 Uhr, Metro 7 34th St.–Hudson Yards, Metro A, C, E 34th St.–Penn Station

(34) **Edge** ist New Yorks neuester Aussichtspunkt im neuen Viertel Hudson Yards. Ein spitzer Balkon, umgeben von Glaswänden: Man muss schon ein wenig waghalsig sein. Die Aussicht ist phänomenal, weil man im Grunde vom Gebäude selbst losgelöst ist. Noch spektakulärer wird es, wenn man auf der gläsernen Plattform nach unten blickt. Bestelle unbedingt einen Drink an der Champagnerbar während des Sonnenuntergangs.

30 Hudson Yards, www.edgenyc.com, tgl. 10.00–14.00 Uhr, Eintritt 38 $, Metro 7 34th St.–Hudson Yards, Metro A, C, E 34th St.–Penn Station

ROUTE 4

CENTRAL PARK & UPPER EAST SIDE

INFOS ZUR ROUTE

Ein großer Teil dieser Strecke führt durch den Central Park. In diesem wunderschönen Park kannst du dem Trubel der Stadt für eine Weile entfliehen, zum Beispiel bei einem Picknick oder einer schönen Fahrradtour. Dies ist ein idealer Spaziergang für Kunst- und Naturliebhaber. Die Route entlang der Fifth Avenue wird manchmal auch „Museum Mile" genannt. Sie führt an allen wichtigen Museen im Osten der Stadt vorbei, darunter The Metropolitan Museum.

DIE VIERTEL

Der **Central Park** ist der berühmteste Park von New York City. Mit seinen 341 Hektar ist er ein Anziehungspunkt für viele Einheimische, die sich gern zu einem Picknick auf einer der großen Rasenflächen treffen oder dort joggen gehen. Es ist viel zu erleben – vom Schlittschuhlaufen im Winter bis zum Bootfahren im Sommer. Der Park hat zahlreiche berühmte Film-Hotspots, wie **Bethesda Fountain** und **The Mall**.

Wenn du gern durch Museen schlenderst, ist die **Upper East Side** der richtige Ort für dich. Hier liegen das **Metropolitan Museum**, das **Guggenheim**, die **Neue Galerie**, mit einigen der besten Kunstsammlungen der Welt.

Der Abschnitt der Fifth Avenue östlich des Central Park wird oft auch als „Gold Coast" bezeichnet. In diesem Viertel gibt es eine enorme Konzentration von privaten Clubs, exklusiven Schulen, Kunstinstitutionen und Millionären. Ihr Einfluss ist immens. Kein anderes Viertel in den Vereinigten Staaten spendet so viel für nationale politische Kampagnen wie die Upper East Side.

Die schönen Villen in den Alleen und Seitenstraßen in der Nähe des Parks wurden einst von wohlhabenden Geschäftsleuten bewohnt, die ihr Vermögen in der Stahl-, Öl- oder Finanzbranche machten. Viele dieser Häuser werden heute von kulturellen Einrichtungen, Botschaften, Schulen und Museen genutzt, obwohl noch immer viele wohlhabende New Yorker dort leben. Östlich der Park Avenue wird das Viertel etwas weniger schick, dafür aber bodenständiger und lebendiger. Auf der Lexington Avenue finden sich zahlreiche Geschäfte und Restaurants, die von jungen Paaren und Familien aus der Nachbarschaft besucht werden.

Auf der Madison Avenue gibt es zahlreiche Galerien, Juweliere, exklusive Geschäfte und Boutiquen von Top-Designern sowie das große Kaufhaus **Bloomingdale's**. Shopaholics laufen hier standardmäßig mit einer *big* oder einer *little brown bag* herum.

WENIG ZEIT? DAS SIND DIE HIGHLIGHTS:

BETHESDA FOUNTAIN / BETHESDA TERRACE + LOEB BOATHOUSE + METROPOLITAN MUSEUM OF ART + GUGGENHEIM MUSEUM + ROOSEVELT ISLAND TRAMWAY

TIPPS

// Interessante Mischung aus Kunst und Natur
// Im Winter Schlittschuhlaufen im Central Park
// Perfekte Route für das Wochenende

CENTRAL PARK & UPPER EAST SIDE

1. Bike Rent NYC
2. Wollman Rink / Wollman Café
3. Central Park Zoo
4. Balto
5. Naumburg Bandshell / The Mall
6. Bethesda Fountain / Bethesda Terrace
7. The Loeb Boathouse
8. Hans Christian Andersen / Model Boat Pond / Alice in Wonderland
9. E.A.T. Gifts
10. E.A.T.
11. Metropolitan Museum of Art
12. Neue Galerie / Sabarsky
13. Guggenheim Museum / Café Rebay
14. Bluestone Lane
15. Cooper Hewitt
16. The Jewish Museum
17. The Corner Bookstore
18. 128 East 93rd Street
19. Kitchen Arts & Letters
20. Juliano Gourmet Coffee
21. Levain Bakery
22. Lexington Candy Shop
23. Kings' Carriage House
24. Comic Strip Live NYC
25. Anita Gelato
26. Boqueria
27. Appartement Holly Golightly
28. Park Avenue Armory
29. Roosevelt House
30. The East Pole Restaurant
31. Tony's Di Napoli
32. Sprinkles Cupcake ATM
33. Bloomingdale's
34. Mount Vernon Hotel Museum & Garden
35. Roosevelt Island Tramway

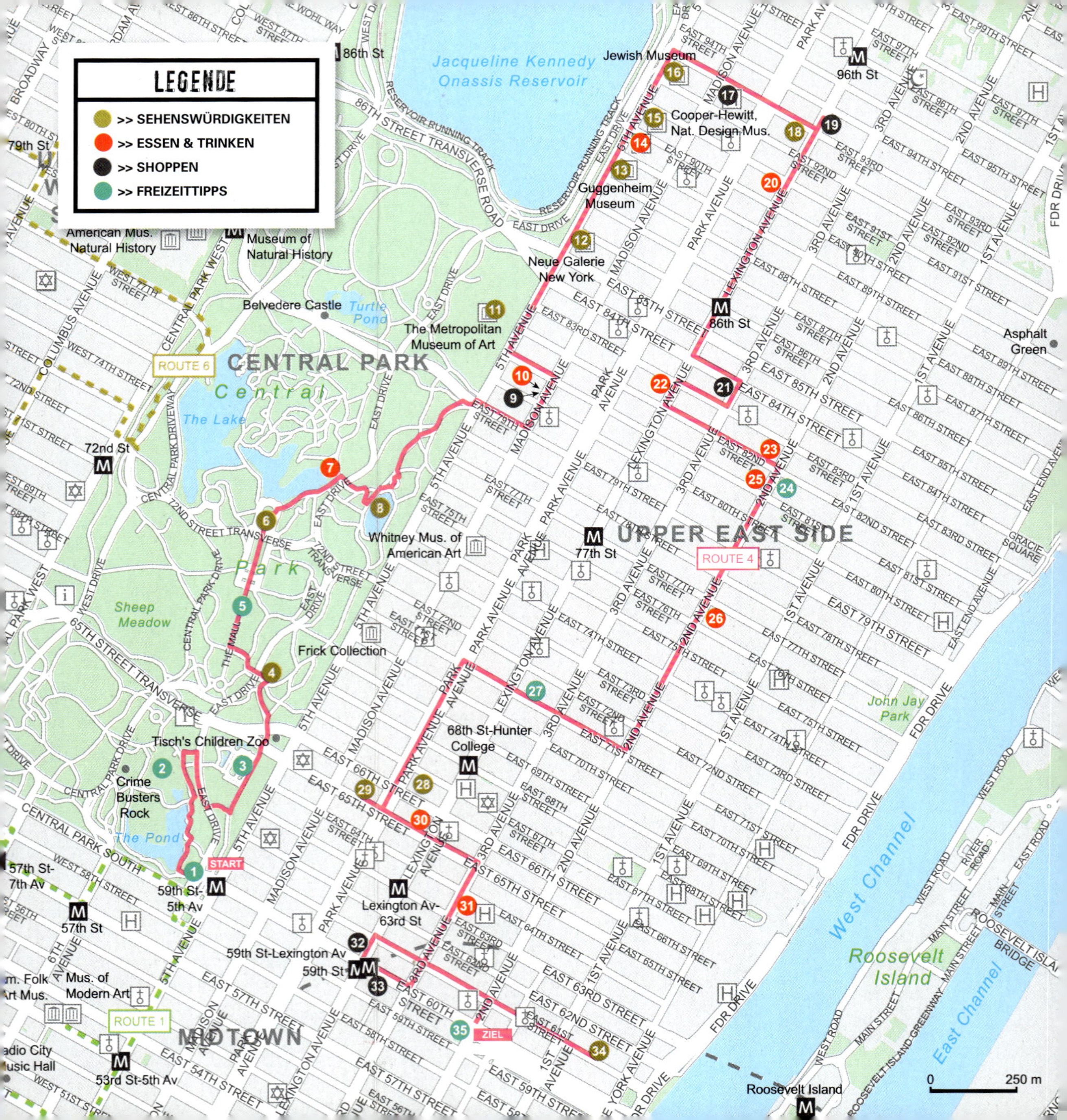
LEGENDE
>> SEHENSWÜRDIGKEITEN
>> ESSEN & TRINKEN
>> SHOPPEN
>> FREIZEITTIPPS
Jacqueline Kennedy Onassis Reservoir
Jewish Museum
Cooper-Hewitt, Nat. Design Mus.
Guggenheim Museum
Neue Galerie New York
The Metropolitan Museum of Art
American Mus. Natural History
Museum of Natural History
Belvedere Castle
Turtle Pond
CENTRAL PARK
Central Park
The Lake
Sheep Meadow
Whitney Mus. of American Art
Frick Collection
Tisch's Children Zoo
Crime Busters Rock
The Pond
START
ZIEL
UPPER EAST SIDE
ROUTE 6
ROUTE 4
ROUTE 1
MIDTOWN
68th St-Hunter College
Lexington Av-63rd St
59th St-Lexington Av
59th St
59th St-5th Av
57th St-7th Av
57th St
53rd St-5th Av
Mus. of Modern Art
Radio City Music Hall
Am. Folk Art Mus.
72nd St
79th St
86th St
96th St
77th St
Asphalt Green
John Jay Park
Gracie Square
West Channel
East Channel
Roosevelt Island
Roosevelt Island Bridge
FDR Drive
Central Park South
Central Park West
Columbus Avenue
Broadway
5th Avenue
Madison Avenue
Park Avenue
Lexington Avenue
3rd Avenue
2nd Avenue
1st Avenue
York Avenue
East End Avenue
Reservoir Running Track
86th Street Transverse Road
72nd Street Transverse
65th Street Transverse
East Drive
West Drive
The Mall
0
250 m

BESCHREIBUNG ROUTE 4 (ca. 10,2 km)

Starte mit einem Mietrad 1 oder gehe zu Fuß in den Park. Laufe auf dem gewundenen Weg zum Teich und halte dich rechts. Hinter dem Teich geht's links zum Skaten 2. Laufe Richtung East Drive und gehe wieder ein Stück zurück. Biege links ab und dann wieder links in Richtung Zoo 3. Jetzt unter den zwei kleinen Brücken hindurch und biege links ab. Ein Stück weiter kommst du am Balto vorbei 4. Gehe links um die Statue herum und setze deinen Weg fort, überquere den East Drive und gehe in Richtung The Mall 5. Biege hier rechts ab und lege auf einer Bank eine Pause ein. Gehe weiter und genieße die Aussicht 6. Am Springbrunnen rechts und am Wasser entlang. Auf der linken Seite kannst du eine Kleinigkeit essen 7. Biege rechts ab und überquere den East Drive. Folge dem Weg bis zum Wasser. Sieh dir die vielen Segelboote an 8. Vor dem Wasser links und vorbei an *Alice in Wonderland*. Gehe weiter geradeaus, parallel zur 5th Avenue. Über die 5th Avenue und in die 79th Street. Jetzt links in die Madison Avenue zum *gift shopping* 9 oder um etwas zu essen 10. Biege links in die 81st Street und besuche das Met Museum 11. Gehe weiter die 5th Avenue, The Museum Mile, hinunter 12 13 14 15 16. Nun rechts in die 93rd Street. Hier liegen ein authentischer Buchladen und schöne alte Gebäude 17 18. Jetzt links in die Lexington Avenue, wenn du Kochbücher magst 19, oder rechts, um ein typisches New Yorker Kaffeehaus 20 zu besuchen. Biege links in die 84th Street und rechts in die 3rd Avenue ein und probiere den *chocolate chip cookie* 21. Gehe rechts in die 83rd Street und links in die Lexington Avenue und bestelle einen Burger 22. Dann biege links in die 82nd Street ein. Fast auf der 2nd Avenue angekommen, kannst du einen *afternoon tea* bestellen 23. Gehe rechts in die 2nd Avenue für einen unterhaltsamen Abend 24, ein italienisches Eis 25 oder Tapas 26. An der 71st Street biege vor dem Apartment aus *Breakfast at Tiffany's* 27 rechts ab. Laufe bis zur Park Avenue und biege links ab. Hier siehst du alternative Kunst 28 . Biege rechts in die 65th Street ein, um ein wenig Geschichte zu erleben 29, oder links zu einem *diner* 30. Gehe weiter und biege rechts in die 3rd Avenue für traditionelles *Italian-American food* 31. Biege rechts in die 61st Street und links in die Lexington Avenue zum Cupcake-Automaten 32. Gehe weiter zur 60th Street, wo du an der Ecke shoppen kannst 33. Laufe Richtung 3rd Avenue und biege links und dann rechts in die 61st Street ein. Gehe bis zur 1st Avenue zu einem der ältesten Hotels New Yorks 34. Laufe zurück und biege links in die 2nd Avenue, um mit der Seilbahn zu fahren 35.

SEHENSWÜRDIGKEITEN

(4) 1925 war Diphtherie in Alaska weit verbreitet. Medizin zur Bekämpfung der Krankheit war 700 Kilometer entfernt verfügbar. Es wurden Schlittenhundeteams zusammengestellt, um sie an die richtige Adresse zu bringen. Die Reise dauerte fünf Tage bei schrecklicher Kälte. **Balto** war einer dieser Schlittenhunde. 1925 war er mit seinem Besitzer bei der Enthüllung seiner Statue im Central Park dabei.
East Drive, Central Park, www.centralparknyc.org, tgl. 6.00–13.00 Uhr, Metro N, R, W 5th Ave.–59th St., Metro F 57th St.

(6) Der **Bethesda Fountain** ist auf vielen Hochzeitsfotos zu sehen; fast täglich kommen Hochzeitspaare hierher, um Fotos zu machen. Mit Blick auf den Teich, die Ruderboote und die imposanten Gebäude auf Manhattans Westseite ist dies wirklich ein schöner Ort. Die **Bethesda Terrace**, eines der ersten Bauwerke im Central Park, besteht aus zwei Etagen, die durch Treppen miteinander verbunden sind. Spaziere darunter hindurch und bewundere die Decken mit den schönen Fliesen.
Central Park, 72nd Street Cross Drive, www.centralparknyc.org, tgl. 6.00–13.00 Uhr, Metro Q 72nd St., Metro 6 68th St.–Hunter College

(8) Von der Bronzestatue von **Hans Christian Andersen** läufst du vorbei am **Model Boat Pond**. Der Central Park Model Yacht Club ist hier von März bis November zu finden. Suche dir eine Bank und genieße das Treiben, oder versuche es selbst. Die Modellsegelboote werden mit Fernsteuerungen bewegt. Neben dem Teich können Kinder auf die Skulptur **Alice in Wonderland** klettern.
Central Park, East 72nd Street, www.centralparknyc.org, tgl. 6.00–13.00 Uhr, Metro 6 77th St.

(11) Das imposante Gebäude des **Metropolitan Museum of Art**, oder The Met, erinnert stark an den Palast von Versailles. Hier siehst du Kunstwerke aus der Antike sowie moderne Kunst. Das Gebäude wurde mehrfach angebaut; der Teil zur Fifth Avenue stammt aus den Jahren 1895–1902. Gehe ins Museumscafé auf der Dachterrasse, um die Aussicht zu genießen.
1000 5th Avenue, www.metmuseum.org, Mo–Di, Do & So 10.00–17.00, Fr–Sa 10.00–21.00 Uhr, Eintritt $ 25, drei Tage für Met 5th Ave., Met Breuer & Met Cloisters gültig, Metro Q, 4, 5, 6 86th St.

11

⑫ In der **Neuen Galerie** dreht sich alles um deutsche und österreichische Kunst. Zu bewundern sind Werke von Gustav Klimt, Egon Schiele und anderen. Dieses „Palais" war einst das Zuhause von Grace Vanderbilt, einer echten *society lady* und Witwe eines der reichsten Männer New Yorks. Im Wiener Kaffeehaus **Sabarsky** kannst du wunderbar speisen.

1048 5th Avenue, www.neuegalerie.org, Mo & Do–So 11.00–17.00 Uhr, Eintritt $ 25, 1. Freitag im Monat von 16.00–19.00 Uhr frei, Metro Q, 4, 5, 6 86th St.

⑬ Das **Guggenheim Museum** ist eines der berühmtesten Gebäude des Architekten Frank Lloyd Wright. Seine außergewöhnliche Architektur ist mindestens so bedeutend wie die Picassos und Kandinskys, die hier hängen. Am besten fährst du mit dem Aufzug nach oben und läufst langsam über die Wendeltreppe nach unten. Für einen Besuch im Guggenheim solltest du einen halben Tag einplanen. Brauchst du eine Pause bei so viel Kunst? Dann besuche das **Café Rebay** für einen Snack oder eine Tasse Kaffee.

1071 5th Avenue, www.guggenheim.org, Mo & Do–So 11.00–18.00 Uhr, Eintritt $ 25, Sa 16.00–18.00 Uhr pay-what-you-wish, Metro Q, 4, 5, 6 86th St.

(15) Das ehemalige Haus des berühmten Philanthropen und Stahlmagnaten Andrew Carnegie wurde 1977 das **Cooper Hewitt**. Gezeigt wird Design von historisch bis zeitgenössisch, von Unikat und Einzelstück bis zu Massenware. Ein Stuhl von Abraham Lincoln stand hier, und man konnte einen Rolls-Royce der Beatles sehen. Dieser wurde später für zwei Millionen Dollar versteigert.
2 East 91st Street, www.cooperhewitt.org, Mo & Do–So 10.00–18.00 Uhr, Eintritt $ 18, Sa ab 18.00 Uhr pay-what-you-wish, Metro 6, Q 96th St., Metro 4, 5, 6 86th St.

(16) **The Jewish Museum** wurde 1904 mit 26 zu besichtigenden Objekten gegründet. Inzwischen ist die Sammlung auf 26 000 Objekte angewachsen, die 4000 Jahre jüdischer Kunst und Kultur repräsentieren. Von Videos bis zu archäologischen Objekten und von Gemälden bis zu interaktiven Websites.
1109 5th Avenue, www.thejewishmuseum.org, Mo, Do & So 10.00–18.00, Fr 11.00–16.00 Uhr, Eintritt $ 18, Sa Eintritt frei, Metro 6, Q 96th St., Metro 4, 5, 6 86th St.

(18) Zwischen den schönen Stadtvillen kommst du an der **128 East 93rd Street** vorbei, einem Holzhaus, oder *Wooden Charmer*, wie die Einheimischen sagen. In New York stehen nur noch wenige Holzhäuser, zum Teil wegen der Brandgefahr: Auf der Upper East Side stehen nur noch fünf. Dieses Haus wurde 1866 gebaut.
128 East 93rd Street, nicht öffentlich zugänglich, Metro 6, Q 96 St.

(28) Die **Park Avenue Armory** erinnert ein wenig an eine Festung. Das große Backsteingebäude war einst das Hauptquartier des siebten Regiments der New York National Guard. Das Innere ist wunderschön dekoriert, aber das Gebäude von 1880 war nach 120 Jahren stark baufällig. Die Park Armory Conservancy begann daher 2006 mit einer umfassenden Renovierung, um einen „einzigartigen Ort für alternative Kunst" zu schaffen. Jetzt kann man dort moderne Theaterstücke und Opern oder hochmoderne Videokunst sehen.
643 Park Avenue, www.armoryonpark.org, siehe Website für Öffnungszeiten und Preise, Metro 6 68th St.–Hunter College

(29) Das **Roosevelt House** besteht aus zwei Häusern mit einem Eingang. Sara Delano Roosevelt schenkte es ihrem Sohn Franklin und seiner frischgebackenen Ehefrau Eleanor. Die herrschsüchtige Mutter wohnte in Nummer 47. Der Präsident und seine Frau wohnten 1921 und 1922, als er sich von einer Kinderlähmung

erholte, in Nummer 49. Sie wohnten immer hier, wenn sie in New York waren. Nach Saras Tod 1941 wurde das Haus verkauft.
47–49 East 65th Street, www.roosevelthouse.hunter.cuny.edu, nicht öffentlich zugänglich, siehe Website für Führungen, Eintritt frei, freiwillige Spende willkommen, Metro 6 68th St.–Hunter College

(34) Das **Mount Vernon Hotel Museum & Garden** diente ab 1826 als Tageshotel für die Bewohner von *downtown* Manhattan. Mit Pferd und Wagen reisten sie nach Norden, um einen Tag in der Natur und am Wasser zu verbringen, spielten Spiele im Gemeinschaftsraum und unternahmen Bootsfahrten auf dem East River. Heute ist es ein Museum und es werden Führungen angeboten.
421 East 61st Street, www.mvhm.org, siehe Website für Öffnungszeiten und Preise, Metro N, R, W, 4, 5, 6 59th St.–Lexington Ave.

ESSEN & TRINKEN

(7) **The Loeb Boathouse** ist ein schönes Restaurant im Kolonialstil am Wasser. Neben dem Restaurant kannst du einen Drink an der Outside Bar genießen und die vorbeifahrenden Boote beobachten. Ein großartiger Ort für ein Mittag- oder Abendessen im schönen Central Park. Derzeit nur für Events buchbar, aber vielleicht ändert sich das ja bald wieder.
East 72nd Street, Park Drive North, www.thecentralparkboathouse.com, Tel. +1 2125172233, Mo–Fr 12.00–16.00, Sa–So 9.30–15.45 Uhr, $ 30, Metro Q 72nd St., Metro 6 68th St.–Hunter College

(10) **E.A.T.** ist der ideale Ort, um sich auf dem Spaziergang durch die Straßen, Geschäfte und Museen mit einem leckeren Salat oder Sandwich zu stärken. Gründer Eli Zabar, Sohn des Besitzers des bekannten *deli* Zabar's, gründete hier sein Lokal. Eli besitzt bereits mehrere Restaurants auf der Upper East Side; sie alle sind auf der Website aufgeführt.
1064 Madison Avenue, www.elizabar.com, Tel. +1 2127720022, tgl. 7.00–18.00 Uhr, Sandwich $ 16, Metro Q, 4, 5, 6 86th St.

14

22
Featuring...
Bassetts
ICE CREAM
of Philadelphia

25

ICE CREAM
CHEF'S
BAKERS
ENJOY
DINE
YUM
Street

25
ANITA
La Mamma del Gelato

⑭ Stärke dich mit einem herrlichen Kaffee bei **Bluestone Lane**. Das Kaffeehaus ist in einer wunderschönen Kirche untergebracht und ein echter Augenschmaus. Es liegt perfekt inmitten der Dutzenden von Museen auf der Museum Mile. Du kannst hier auch frühstücken, zu Mittag essen oder einen kleinen Snack bestellen.

1085 5th Avenue, www.bluestonelane.com, Tel. +1 7183746858, Mo–Fr 7.00–16.00, Sa–So 7.30–17.00 Uhr, Kaffee $ 5, Metro Q, 4, 5, 6 86th St.

⑳ **Juliano Gourmet Coffee** ist wirklich einer dieser großartigen Nachbarschaftsläden, wo Locals ihren Kaffee holen. Ein echtes *old-school* New Yorker Café. Ohne Schnickschnack und Firlefanz, aber mit gutem Service, tollem Kaffee und köstlichen Muffins. Probiere unbedingt den *cinnamon swirl muffin.*

1378 Lexington Avenue, Tel. +1 2129874540, Mo–Fr 7.00–16.30, Sa–So 7.00–14.30 Uhr, Kaffee $ 4,50, Metro 6, Q 96 St.

㉒ Wenn du einen *classic diner* suchst, dann ist **Lexington Candy Shop** etwas für dich. Bis 1948 stellten sie ihre eigene Schokolade her und verkauften Süßigkeiten, daher der Name. Das 1925 eröffnete *diner* ist auf der Upper East Side ein Begriff und findet sich noch immer im Besitz derselben Familie. Die letzte Renovierung war in den 1940er-Jahren, mehr *classic* geht also nicht. Heute werden keine Süßigkeiten mehr verkauft, aber du kannst hier süße Leckereien in Form von Milchshakes, *sundaes* und Brownies bestellen. Oder Lust auf etwas Herzhaftes? Dann entscheide dich für einen Teller Suppe, einen *juicy* Hamburger oder ein üppig gefülltes Club-Sandwich.

1226 Lexington Avenue, www.lexingtoncandyshop.com, Tel. +1 2122880057, Mo–Fr 7.00–19.00, Sa 8.00–19.00, So 8.00–18.00 Uhr, Burger $ 12,50, Metro 4, 5, 6, Q 86th St.

㉓ Das Ehepaar Elizabeth und Paul eröffnete das Restaurant 1994. **Kings' Carriage House** ist ein Juwel in dieser schönen Straße: ein intimes, schickes Restaurant in einem alten Kutschenhaus. Im klassischen englischen Stil, aus der Zeit, als noch Pferdekutschen durch die Straßen fuhren. Dies ist eine typische Adresse, die nur durch Mundpropaganda bekannt ist. Du kannst zum *afternoon tea* oder *dinner* kommen. Möglichst frühzeitig reservieren!

251 East 82nd Street, www.kingscarriagehouse.com, Tel. +1 2127345490, Di–Mi & So 12.00–17.00, Do–Fr 12.00–21.00 Uhr, Afternoon Tea $ 30, Metro 4, 5, 6, Q 86th St.

(25) **Anita Gelato** verkauft köstliches, handwerklich hergestelltes Speiseeis, oder *gelato*. Mit einer riesigen Auswahl an Sorten und Toppings ist dies eine beliebte Adresse bei den Einheimischen. Probiere kreative Sorten wie *salted bagel* oder *grapefruit Campari*, oder aber *Belgian chocolate* oder *white chocolate & strawberries*. Auch Veganer kommen hier voll auf ihre Kosten, denn Anita bietet auch Eis auf Sojadrinkbasis.

1561 2nd Avenue, www.anita-gelato.com, tgl. 8.00–23.00 Uhr, Eis $ 5, Metro 6 77th St., Metro 4, 5, 6 86th St.

(26) **Boqueria**, benannt nach Barcelonas berühmtem Markt, ist ein wunderbarer Ort, um einen Museumsnachmittag mit Tapas und Sangria ausklingen zu lassen. Oder bestelle die *paella de mariscos*. Du kannst dich auch mit dem Boqueria-Experience verwöhnen lassen, dem *chef's special*.

1460 2nd Avenue, www.boqueriarestaurant.com, Tel. +1 2123432227, Mo–Do & So 12.00–21.00, Fr–Sa 12.00–22.00 Uhr, Tapas $ 10, Metro 6 77th St.

(30) **The East Pole Restaurant**, mitten auf der Upper East Side, zieht viele hippe New Yorker an. Das liegt wahrscheinlich an der intimen Atmosphäre in diesem klassischen *brownstone* mitten in der Stadt. Probiere die *East Pole macro bowl*, einen gesunden Quinoa-Salat mit Blumenkohl und Bohnen, oder den Rote-Bete-Walnuss-Hummus als kleinen Snack. Bestelle dazu einen **East Pole Manhattan**, den Cocktail des Hauses, und deine Mahlzeit ist komplett. Auch zum Mittagessen sehr zu empfehlen.

133 East 65th Street, www.theeastpolenyc.com, Tel. +1 2122492222, Mo 17.00–22.00, Di–Fr 17.00–23.00, Sa 11.00–16.00 & 17.00–23.00, So 11.00–16.00 & 17.00–22.00 Uhr, $ 32, Cocktail $ 18, Metro F, Q Lexington Ave.–63rd St.

(31) **Tony's Di Napoli** ist ein typisches *Italian American* Restaurant. Die Portionen sind groß und die Teller teilst du dir mit den Tischnachbarn; alle essen zusammen. Probiere Klassiker wie *spaghetti & meatballs* oder *eggplant parmigiana*.

1081 3rd Avenue, www.tonysnyc.com, Tel. +1 2128886333, Mo–Do & So 11.30–22.00, Fr–Sa 11.30–23.00 Uhr, $ 20, Metro F, Q Lexington Ave.–63rd St.

9
E★A★T
Gifts

14

19
NEW
NATIVE
KITCHEN
CHEF FREDDIE BITSOIE
& JAMES O. FRAIOLI
Celebrating Modern Recipes of the American Indian
GABRIEL
KREUTHER
A COOKBOOK
IVE KITCHEN BITSOIE & FRAIOLI

CUPCAKE ATM
CUPCAKEATM
Sprinkles
SPRINKLES
CUPCAKE ATM
Treat yourself!

SHOPPEN

⑨ Neben dem Restaurant E.A.T. kannst du bei **E.A.T. Gifts** einkaufen. Der Geschenkeladen wurde 1985 eröffnet und hat schon viele Familien der Upper East Side mit Geschenken versorgt. Der Laden ist vollgestopft mit einer Mischung aus Gadgets, Spielzeug und Souvenirs. Kein Mainstream, aber ein Ort zum Stöbern.
1062 Madison Avenue, www.eatgiftsnyc.com, Mo–Sa 10.00–18.00 Uhr, So 11.00–17.00 Uhr, Metro Q, 4, 5, 6 86th St.

⑰ Viele Einheimische sind Stammgäste im **The Corner Bookstore**, der 1978 eröffnet wurde. Wie der Name schon sagt, handelt es sich um einen kleinen Buchladen an der Ecke Madison und 93rd Street. Hoffen wir, dass es solche Juwelen weiterhin gibt. Schaue dich dort um. Vielleicht sitzt die Ladenkatze auf dem Tresen.
1313 Madison Avenue, www.cornerbookstorenyc.com, Mo–Sa 10.00–18.00, So 11.00–17.00 Uhr, Metro 6, Q 96th St.

⑲ **Kitchen Arts & Letters** wird als *America's best food book emporium* beschrieben. Hier findest du neben Kochbüchern auch alles, was über Lebensmittel, Wirtschaft, Philosophie und Nachhaltigkeit geschrieben wurde. Mit 13 000 Titeln auf Lager gibt es hier bestimmt das Buch, das du schon lange gesucht hast. Für treue Fans des Shops gibt es ein *secret basement* mit Unikaten und Erstausgaben.
1435 Lexington Avenue, www.kitchenartsandletters.com, Mo–Sa 10.00–18.00 Uhr, Metro 6, Q 96th St.

㉑ In der **Levain Bakery** gibt es die berühmten *chocolate chip cookies*. Sie sind riesig! Vielleicht hast du Glück und sie kommen frisch aus dem Ofen. Die Kekse haben bereits mehrere Auszeichnungen erhalten, u. a. von *The New York Times*, als cremigstes Cookie. Der *chocolate chip walnut* ist ihr Verkaufsschlager.
1484 3rd Avenue, www.levainbakery.com, tgl. 7.00–21.00 Uhr, Metro 4, 5, 6, Q 86th St.

㉜ Nicht verpassen: Aus dem knallbunten **Sprinkles Cupcake ATM** („Pin"-Automat) rollen 24 Stunden am Tag süße Cupcakes! Mal was anderes als eine Krokette aus dem Automaten. Die Cupcakes werden im Laden nebenan handgefertigt.
780 Lexington Avenue, www.sprinkles.com, Metro 4, 5, 6, N, R, W 59th St.–Lexington Ave.

(33) Kaufen, kaufen, kaufen: Darum geht es bei **Bloomingdale's**. In dieses riesige Kaufhaus kommen die New Yorker schon seit Jahrzehnten, um alles zu kaufen, was die Welt der Mode und Schönheit zu bieten hat. Du fragst dich, was in all den *little brown bags* und *big brown bags* steckt, die man auf der Straße sieht? Wenn du durch alle Abteilungen laufen willst, musst du viel Zeit mitbringen. Schaue auf den Lageplan, denn die Gefahr, sich zu verlaufen, ist groß.
1000 3rd Avenue, www.bloomingdales.com, Mo–Sa 11.00–20.00, So 11.00–19.00 Uhr, Metro 4, 5, 6, N, R, W 59th St.–Lexington Ave.

FREIZEITTIPPS

(1) Miete bei **Bike Rent NYC** ein Rad für eine Radtour durch den Central Park, diese dauert etwa zwei Stunden. Du kannst dort eine Tour buchen. Reserviere online und wähle aus einer Vielzahl von Fahrrädern, Scootern und Tandems.
West 59th Street Central Park South, www.bikerent.nyc, tgl. 8.00–20.00 Uhr, Fahrradverleih $ 10 pro Stunde, Tour $ 34,30, Metro N, R, W 5th Ave.–59th St., Metro F 57th St.

(2) Schlittschuhlaufen im **Wollman Rink** ist für viele New Yorker ein beliebter Zeitvertreib. Aus vielen Filmen bekannt; berühmte Schauspieler auf Schlittschuhen mit den imposanten Gebäuden im Hintergrund. Von Ende Oktober bis Anfang April ist hier Schlittschuhsaison; Schuhe kannst du natürlich auch ausleihen. Anschließend kannst du im angrenzenden **Wollman Café** eine Pause einlegen.
Central Park, Ecke 59th Street & 6th Avenue, www.wollmanrinknyc.com, Mo–Do 10.00–14.30, Mi–Do 10.00–22.00, Fr–Sa 10.00–23.00, So 10.00–21.00 Uhr, Eintritt Mo–Do $ 14, Fr–So $ 23, Schlittschuhverleih $ 11, Metro N, R, W 5th Ave.–59th St., Metro F 57th St.

(3) Einige der beliebtesten Bewohner New Yorks leben an einem ungewöhnlichen Ort: dem **Central Park Zoo**. Dieser 1861 eröffnete Zoo ist einer der ältesten des Landes. Zu den Lieblingen gehören die Seelöwen. Wenn du Glück hast, siehst du sie auch schwimmen, wenn du außen am Zoo entlangläufst.
Central Park, 64th Street & 5th Avenue, www.centralparkzoo.com, April–Nov. Mo–Fr 10.00–17.00, Sa–So 10.00–17.30, Nov.–April tgl. 10.00–16.30 Uhr, Eintritt $ 19,95, Metro N, R, W 5th Ave.–59th St., Metro F 57th St.

2

24
comicstriplive.com
The COMIC STRIP
Established 1976
& SPA
NOW OPEN
RETAIL FOR LEASE
212.792.2600
COMEDY WORKSHOP

3

24

(5) Die neoklassizistische **Naumburg Bandshell** wurde 1923 im Central Park aufgestellt. Seitdem sind dort Künstler verschiedenster Art aufgetreten. Sogar Berühmtheiten wie Martin Luther King und John Lennon standen hier auf der Bühne. Auf der Website gibt es Infos zu den bevorstehenden Aufführungen. **The Mall** verläuft von der Bethesda Terrace bis zur 66th Street mitten durch den Park. Entlang des Gehwegs gibt es viele Sitzplätze, aber er ist auch bei Straßenkünstlern, Rollschuhläufern und Skateboardern beliebt.

Central Park, zwischen East 70th & East 71st Street, www.naumburgconcerts.org, tgl. 6.00–1.00 Uhr, siehe Website für das Programm, Eintritt frei, Metro Q 72nd St., Metro 6 68th St.–Hunter College

(24) **Comic Strip Live NYC** ist einer der bekanntesten Comedy-Clubs der Stadt. Viele Comedians wie Eddie Murphy, Chris Rock und Adam Sandler begannen hier ihre Karriere. Tickets gibt es schon für 15 Dollar und dann kannst du die neuesten aufstrebenden Talente erleben. Tickets möglichst frühzeitig reservieren.

1568 2nd Avenue, www.comicstriplive.com, tgl. ab 20.00 Uhr, Eintritt $ 15, Metro 4, 5, 6, Q 86th St.

(27) Wer kennt nicht den Klassiker *Breakfast at Tiffany's*? Hier in der East 71st Street lebte die Hauptdarstellerin **Holly Golightly** mit ihrer Katze. Die Außenansicht des **Appartements** ist im Film zu sehen; die Wohnzimmerszenen wurden im Studio in Hollywood gedreht.

169 East 71st Street, nicht öffentlich zugänglich, Metro Q 72nd St., Metro 6 68th St.–Hunter College

(35) Die **Roosevelt Island Tramway** bringt dich mit der Seilbahn nach Roosevelt Island. Auf der wenige Minuten dauernden Fahrt hast du einen tollen Blick auf den East River und die Stadt. Du kannst wählen, ob du Hin- und Rückfahrt oder eine Einzelfahrt nimmst und aussteigst, um die Insel zu erkunden. Laufe dann südlich über die Insel vorbei am **Smallpox Memorial Hospital** und weiter durch den **Four Freedoms Park**.

254 East 60th Street, rioc.ny.gov, Mo–Do & So 6.00–2.00, Fr–Sa 6.00–3.30 Uhr, Zugang mit der Metrokarte, Metro 4, 5, 6, N, R, W 59th St.–Lexington Ave.

ROUTE 5

WILLIAMSBURG, LOWER EAST SIDE & CHINATOWN

INFOS ZUR ROUTE

Dieser überraschende Spaziergang durch das hippe Williamsburg ist etwas für echte Feinschmecker: Auf der Route liegen zahlreiche Restaurants und schräge Vintage-Läden für das junge und hippe New York. Die Atmosphäre ist kreativ und künstlerisch. Außerdem kannst du die Lower East Side erkunden. Hier gehen *creative young professionals* gern aus und es gibt trendige Geschäfte und Restaurants. In Chinatown, einem Viertel in dem viele junge New Yorker wegen der niedrigen Mieten leben, kannst du köstliches Essen zu erschwinglichen Preisen genießen.

DIE VIERTEL

In **Brooklyn** haben schon immer viele verschiedene Kulturen zusammengelebt. Das kann man ganz sicher auch von **Williamsburg** sagen. Das Gebiet, in dem sich das Viertel ursprünglich entwickelte, wird heute South Williamsburg genannt. In diesem Teil des Viertels leben eine große Gruppe chassidischer Juden und viele Puertoricaner und Dominikaner. Im Norden von Williamsburg und Greenpoint leben hauptsächlich Polen und Italiener. Seit einigen Jahren ziehen immer mehr junge Menschen nach Williamsburg. Es hat sich zu einem der angesagtesten und beliebtesten Stadtteile Brooklyns entwickelt. Kreative und Künstler waren die Vorreiter dieser neuen Generation von Bewohnern. Inzwischen ziehen immer mehr *young professionals* hierhin und (Luxus-)Wohnungen entstehen am Wasser, mit Blick auf Manhattan.

Die **Lower East Side** ist eines der ältesten Viertel der Stadt. Vor etwa 200 Jahren wurde es von Einwanderern überrannt. Das **Lower East Side Tenement Museum** ist der ideale Ort, um zu sehen, wie diese Einwanderer wohnten und mehr über die Geschichte des Stadtteils zu erfahren. Heute leben dort viele hippe junge Leute und es gibt ein hippes (Nacht-)Leben mit vielen Bars, Cafés und

Boutiquen. Mit seinen zahlreichen G
liebhabern äußerst beliebt. Vergiss n
Blick nach oben zu werfen. Hier gibt
den für New York so typischen Feue

Das quirlige **Chinatown** war einst e
19. Jahrhunderts war es oftmals Sch
banden wie den Dead Rabbits und c
Image hat Chinatown längst abgesc
vielen Geschäften und Restaurants b

WENIG ZEIT? DAS SIND DIE HIGH
SMORGASBURG + MONA LISA O
BRIDGE + LOWER EAST SIDE TEN
PARLOR

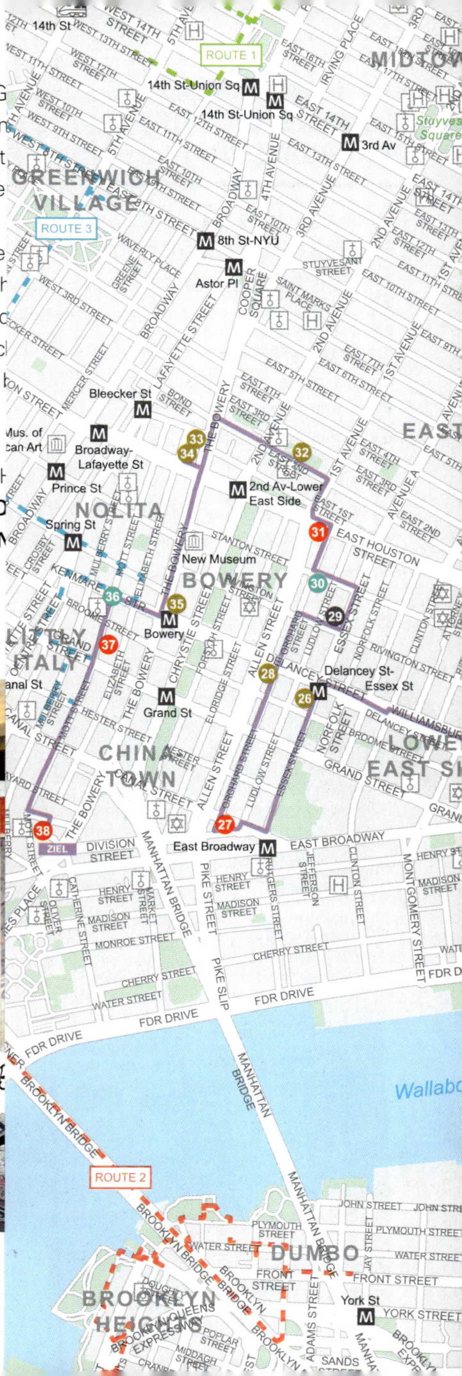

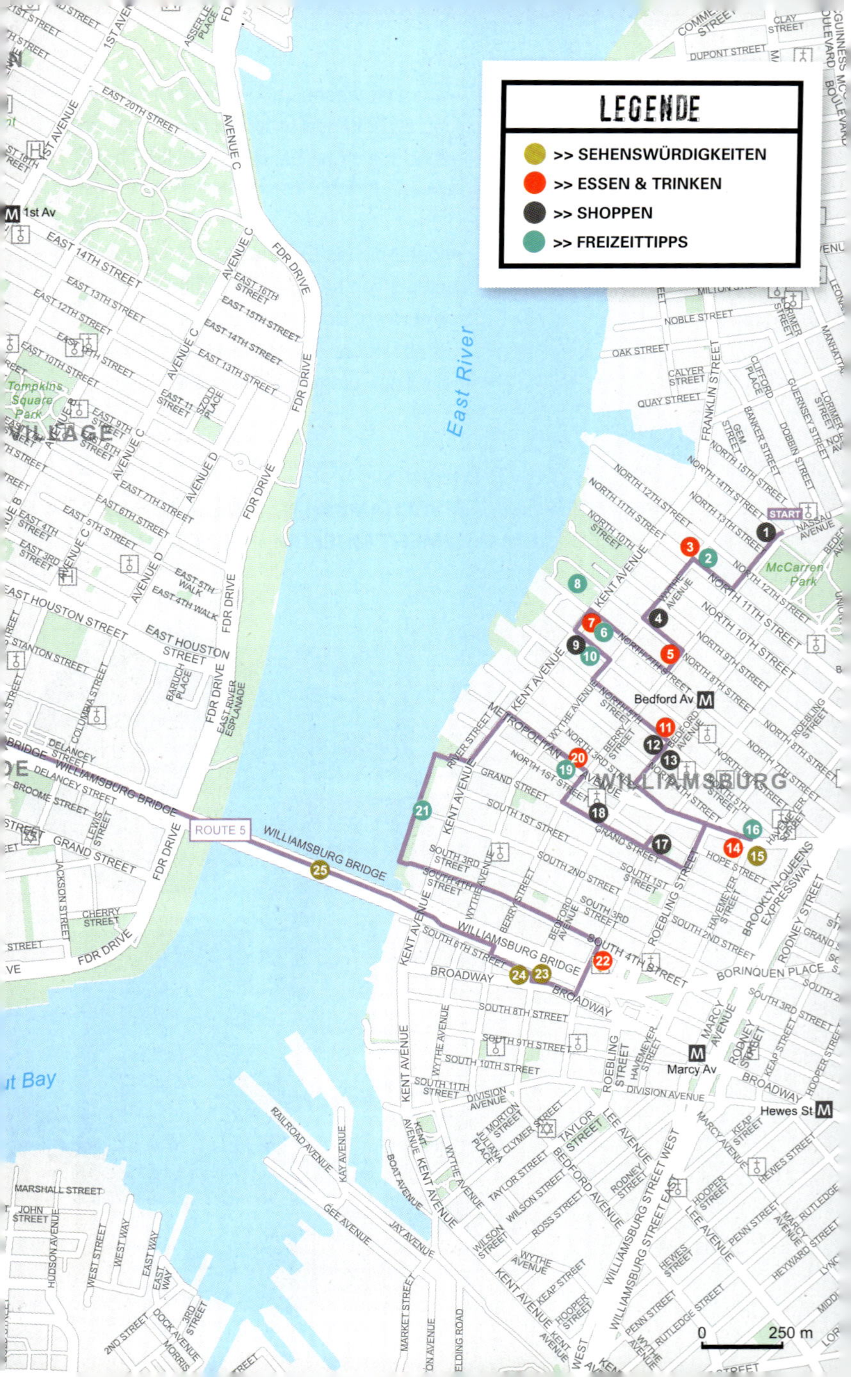
LEGENDE
>> SEHENSWÜRDIGKEITEN
>> ESSEN & TRINKEN
>> SHOPPEN
>> FREIZEITTIPPS
East River
WILLIAMSBURG
ROUTE 5
START
WILLIAMSBURG BRIDGE
McCarren Park
Tompkins Square Park
Bedford Av
Marcy Av
Hewes St
1st Av
0
250 m

BESCHREIBUNG ROUTE 5 (ca. 11,7 km)

Beginne den Tag in einem netten Shop mit Coffeebar 1. Gehe dann die Berry Street hinunter und biege zweimal rechts ab in die 11th Street, um ein Bier oder einen Cocktail mit Aussicht zu genießen 2 3. Jetzt links in die Whyte Avenue und kaufe etwas Pikantes ein 4. Gehe links in die 8th Street und rechts zum Italiener 5. Dann nach rechts zum Pop-up-Markt 6 und zu Tacos 7. Überquere die Straße und besuche das Smorgasburg 8. Am Ausgang rechts in die Kent Avenue. An der Ecke zur 6th Street kannst du Design kaufen 9. Gehe weiter die 6th Street hinunter und besuche ein Konzert 10. Jetzt rechts in die Wythe Avenue und links in die 5th Street für ein Essen im Juliette's 11. Dann rechts in die Bedford Avenue zum Einkaufen 12 13. Laufe links in die 3rd Street und links in die Metropolitan Avenue für ein BBQ 14, ein Museum 15 oder ein Konzert 16. Laufe zurück und biege links in die Roebling Street ein. Jetzt rechts in die Grand Street. An der Ecke zur Driggs Avenue kannst du Schmuck kaufen 17. Gehe auf der Grand Street weiter und kaufe türkisches Leinen 18. Biege rechts in die Berry Street und links in die Metropolitan Avenue. Gehe ins Kino 19 oder bestelle ein veganes Croissant 20. Jetzt links in die Kent Avenue und rechts in die Grand Street. Laufe zum Wasser und besuche den Park 21. Verlass diesen hinter der Zuckerfabrik. Biege links in die 4th Street ein. An der Ecke zur Driggs Avenue kannst du Kuchen essen 22. Jetzt rechts in die Driggs Avenue, unter der Brücke hindurch und rechts auf dem Broadway zu einem historischen Museum 23. Gegenüber siehst du die lokale *Mona Lisa* 24. Rechts an diesem Gemälde vorbei, rechts in die Berry Street und über die Brücke 25. Gehe links in die Essex Street zum Fotomuseum 26. Weiter auf der Essex Street, rechts in die Canal Street und links in die Division Street für griechische Spezialitäten 27. Jetzt rechts in die Orchard Street und an der Ecke Delancey zum Einwanderungsmuseum 28. Weiter auf der Orchard Street. Nun rechts in die Rivington Street, um Süßigkeiten zu kaufen 29. Zweimal links in die Stanton Street, um Musik zu hören und etwas zu trinken 30. Jetzt rechts in die Orchard Street und links in die East Houston Street für einen Bagel 31. In die 1st Avenue und links in die East 2nd Street, vorbei an einem historischen Friedhof 33. Links in die Bowery, um Kunst 33 und *murals* 34 zu sehen. Weiter auf der Bowery und besuche links das Hotel für Streetart 35. Beim Verlassen überquere die Straße, gehe in die Kenmare Street und links in die Mott Street 36, um Chinatown zu besuchen und Tee zu trinken 37. Jetzt links in die Pell Street und rechts in die Doyers Street und beende den Tag mit *dumplings* 38.

SEHENSWÜRDIGKEITEN

⑮ Das winzige **The City Reliquary** ist kein Standardmuseum. Es steckt voller Kuriositäten, die einen Bezug zur Stadtgeschichte haben. Zum Beispiel gibt es eine Nachbildung des Bay Ridge Barbershops, der 50 Jahre in Brooklyn bestand. Du siehst hier auch eine Sammlung von Gegenständen der Weltausstellung, die 1964 in New York stattfand. Der *giftshop* verkauft schöne Dinge lokaler Künstler.
370 Metropolitan Avenue, www.cityreliquary.org, Do–So 12.00–18.00 Uhr, Eintritt $ 7, Metro L Lorimer St., G Metropolitan Ave.

㉓ Wo sich früher die Kings County Savings Bank befand, ist heute das **Williamsburg Art & Historical Center** untergebracht. Es ist der bekannteste Galerieraum im Bezirk, mit wechselnden Ausstellungen: manchmal Malerei, manchmal hauptsächlich Skulpturen, aber auch Installationen und moderne Kunst. Zu sehen sind Werke nationaler und internationaler Künstler.
135 Broadway, www.wahcenter.net, Sa–So 13.00–17.00 Uhr, Eintritt frei, Metro J, M, Z Marcy Ave., Metro L Bedford

㉔ An der Kreuzung von Bedford Avenue und Broadway befindet sich die **Mona Lisa of Williamsburg**. Steven Paul, 2014 selbst noch ein Teenager, fotografierte dieses Schulmädchen und gab seinem Werk den Namen *Lost Time*. Eine bekannte Plakatfirma aus Brooklyn malte das Bild auf diese Wand. Dieser Ort, der jahrelang brach gelegen hatte, wurde plötzlich zum Publikumsmagneten. Mache ein schönes Foto mit der Williamsburg Bridge im Hintergrund.
115 Broadway, Metro J, M, Z Marcy Ave., Metro L Bedford

㉕ Diese Brücke verbindet Williamsburg mit Manhattan. Autofahrer nutzen sie, aber du kannst sie auch zu Fuß oder mit dem Fahrrad überqueren. Von der **Williamsburg Bridge** hast du einen fantastischen Blick auf die East Side von Manhattan. Es ist hier viel ruhiger als auf der Brooklyn Bridge. Rad- und Fußweg sind voneinander getrennt, das macht die Überquerung der Brücke angenehmer und sicherer. Die Zufahrt für Fahrräder befindet sich bei Roebling und South 4th Street, der Fußgängerzugang bei Bedford und South 6th Street.
Bedford Avenue, zwischen 5th und 6th Street, Metro J, M, Z Marcy Ave. Metro L Bedford

24
@POLLYN.NYC
WE SHALL GROW
#WeShallGrow
WE SHALL GROW

㉖ Besuche das weltberühmte **International Center of Photography**. Das Museum bietet eine Plattform für Fotografen aus aller Welt und organisiert die berühmten Infinity Awards. Mit der International Center of Photography School bietet es außerdem Raum für aufstrebende Talente. Zu sehen sind gute Wechselausstellungen von Fotografien und Multimedia-Installationen. Das Museum zog 2020 in dieses schöne, futuristische Gebäude.
79 Essex Street, www.icp.org, Mo, Mi & Fr–So 11.00–19.00, Do 11.00–21.00 Uhr, Eintritt $ 16, Metro F, J, M, Z Delancey St.–Essex St., Metro B, D Grand St.

㉘ Im **Lower East Side Tenement Museum** erfährst du, wie das Leben von Millionen New Yorker Einwanderern im späten 19. und frühen 20. Jahrhundert aussah. Das Museum kann im Rahmen einer Führung besucht werden. Es empfiehlt sich, im Voraus zu reservieren. Du kannst auch nur den Shop besuchen und dich mit Büchern über New York eindecken. In der Orchard Street siehst du ein weiteres schönes altes Gebäude, das zum Museum gehört.
103 Orchard Street, www.tenement.org, tgl. 10.00–18.00 Uhr, Eintritt $ 30, Metro F, J, M, Z Delancey St.–Essex St., Metro B, D Grand St.

(32) Inmitten des geschäftigen Treibens der Stadt kommst du am **New York City Marble Cemetery** vorbei, einem Stück Land mit etwa 250 Marmorgräbern. 1830 brach das Gelbfieber aus und die Bestattung in Särgen wurde verboten, sodass man auf Gruften auswich. Dieser Friedhof war für die Elite gedacht und hier liegen viele Gouverneure und Bürgermeister. Dieser Friedhof sowie der New York Marble Cemetery, nur einen Block entfernt, waren die zwei ersten öffentlichen Friedhöfe der Stadt. Beide sind die meiste Zeit für die Öffentlichkeit geschlossen.

52–74 East 2nd Street, www.nycmc.org, nicht öffentlich zugänglich, Metro F 2nd Ave., Metro 6 Bleecker St., Metro B, D, F, M Broadway–Lafayette

(33) Jeden Monat kannst du im **The Hole** andere moderne Kunst anschauen, in der Regel zwei Ausstellungen auf einmal. Im angrenzenden Ausstellungsraum werden Kunstwerke assoziierter Künstler zu einem günstigen Preis angeboten. Die Atmosphäre ist offen und einladend. Der Ausstellungsraum ist klein und ideal, wenn man nicht allzu viel Zeit hat.

312 Bowery, www.theholenyc.com, Mi–So 12.00–19.00 Uhr, Metro F 2nd Ave., Metro 6 Bleecker St., Metro B, D, F, M Broadway–Lafayette

(34) Das **Bowery Mural** ist im Grunde eine Leinwand im Freien; eine Mauerwand, auf der große und nicht so große Namen abwechselnd riesige Kunstwerke hinterlassen. Die Initiative stammt von Tony Goldman, Jeffery Deitch und Deitch Projects, die für das Grundstück, zu dem die Mauer gehört, verantwortlich sind. Der erste Künstler war Keith Haring, der hier 1970 ein Werk hinterließ und damit fast 50 Jahre Urban Grafitti Art in diesem Viertel einläutete.

76 East Houston Street, Metro B, D, F, M Broadway–Lafayette, Metro 6 Bleecker St.

(35) Das **Museum of Street Art** befindet sich in einem Hotel an der Bowery und wird als Liebesbrief an die Lower East Side und die Bowery beschrieben. In den 1980er-Jahren war die Stadt voll von Graffitis. Im Treppenhaus des Hotels arbeiteten 20 bekannte Künstler zusammen, um dieses Graffitikunstwerk zu schaffen. Du beginnst im 20. Stock und läufst staunend die Treppengalerie hinunter.

189 Bowery, www.citizenm.com/mosa, siehe Website für Öffnungszeiten, Eintritt frei, Metro J, Z Bowery, Metro F 2nd Ave.

ESSEN & TRINKEN

① Die Aussicht genießen und etwas trinken kannst du in der **Bar Blondeau**. Im sechsten Stock des berühmten Whyte Hotels liegt diese wunderschöne Weinbar mit Außenterrasse und phänomenalem Blick auf Manhattan. Du kannst kleine französische und spanische Fischgerichte bestellen, aber die meisten Gäste kommen vor allem wegen des Weins und der köstlichen Cocktails.
80 Whyte Avenue 6th Floor, www.barblondeau.com, Tel. +1 7184608006, Mo–Mi 17.00–24.00, Do 17.00–1.00, Fr 17.00–2.00, Sa 14.00–2.00, So 14.00–24.00 Uhr, $ 20, Cocktail $ 17, Metro L Bedford Ave., Metro G Nassau Ave.

⑤ Das italienische Restaurant **Oregano** besucht man wegen der Atmosphäre. Gemütlich und klein, aber du kannst auch in den *secret garden* gehen. Stimmung und Service sind gut, und es gibt hier die leckersten hausgemachten Nudeln und *woodfired pizza's* mit Toppings wie Feigen, Ziegenkäse und Prosciutto. Zudem wird ein überraschend umfangreiches Angebot an veganen und glutenfreien Gerichten angeboten.
102 Berry Street, www.oreganowilliamsburg.com, Tel. +1 7185995988, Mo–Do 16.00–23.00, Fr–So 12.00–23.00 Uhr, Pizza $ 15, Metro L Bedford Ave.

⑦ Im **Jajaja** kannst du köstlich mexikanisch essen. Alles auf der Karte ist vegan; von den Street-Food-Tacos bis zu den leckeren Desserts. Neben dem umfangreichen Essensangebot gibt es wunderbare Cocktails und mexikanische Biere. Oder wie wäre es mit einer Auswahl von über 40 Sorten Mescal und Tequila?
119 Kent Avenue, www.jajajamexicana.com, Tel. +1 8604792872, Mo–Do 11.00–23.00, Fr–Sa 11.00–24.00 Uhr, Taco $ 8, Cocktail $ 15, Metro L Bedford Ave.

⑪ **Juliette** ist ein hübsches kleines französisches Bistro im schönen Viertel Williamsburg. Das Interieur kommt direkt aus Paris, und die Pariser Speisekarte vervollständigt das europäische Flair. Oben lädt eine beheizte *rooftop bar* zum Verweilen ein. Probiere den Croque Monsieur mit Spiegelei oder den Juliette-Burger mit Pommes frites. Natürlich beendet man ein französisches Essen mit einer Crème brûlée oder einer Tarte Tatin.
135 North 5th Street, www.juliettewilliamsburg.com, Tel. +1 7183889222, Mo–Fr 12.00–22.00, Sa–So 10.00–22.00 Uhr, $ 18, Metro L Bedford Ave.

22

22

31
CELEBRATING

7

22

⑭ Fleischliebhaber müssen unbedingt in die **Fette Sau**. Hier wird das ganze Jahr über gegrillt. Früher war dies eine Autowerkstatt und deshalb sieht es von außen fast wie ein leerstehendes Autohaus aus. Jetzt isst man hier an langen Tischen, bei schönem Wetter auch draußen. Komm frühzeitig, sonst stehst du in der Schlange oder dein Lieblingsfleisch ist vielleicht schon ausverkauft.
354 Metropolitan Avenue, www.fettesaubbq.com, Tel. +1 7189633404, Di 16.00–22.00, Mi–Sa 12.00–22.00, So 12.00–21.00 Uhr, $ 15, Metro L Lorimer St., Metro G Metropolitan Ave.

⑳ **Terms of Endearment** verkauft die köstlichsten knusprigen Croissants und das beste Gebäck. Auch für ein sättigendes Frühstück wie *egg scramble* bist du hier an der richtigen Adresse. Das Besondere daran? Alles ist vegan! Der ehemalige Chefkoch des Champs Diner (ein rein veganes Diner in Williamsburg) eröffnete sein Geschäft 2019. Überzeuge dich selbst, wie lecker alles aussieht.
135 Metropolitan Avenue, www.termsofbk.com, Tel. +1 3477631420, Mo–Fr 9.00–15.00, Sa–So 9.00–16.00 Uhr, Croissant $ 5, Metro L Bedford Ave.

(22) Bei **Pies 'n' Thighs** kann man nicht nur leckeren Kuchen, sondern auch ein tolles Mittag- und Abendessen genießen. Eigentlich stehen nur vier Kuchen auf der Speisekarte, aber der Apfelkuchen hat schon mehrere Preise eingeheimst. 2006 wurde dieses Lokal in der Nähe der Williamsburg Bridge in einem ehemaligen Bierschuppen eröffnet. Leckere Gerichte auf der Speisekarte, neben dem Kuchen natürlich, sind *mac & cheese* und der *chicken biscuit*.

166 South 4th Street, www.piesnthighs.com, Tel. +1 3475296090, Mo–Do 11.00–22.00, Fr–Sa 11.00–23.00, So 10.00–22.00 Uhr, Kuchen $ 8, Metro J, M, Z Marcy Ave., Metro L Bedford

(27) Am Rande von Chinatown und der Lower East Side gibt es an der Straßenecke bei **Kiki's** großartiges griechisches Essen. Wenn du glaubst, du stündest bei einem chinesischen Kopierladen vor der Tür, dann bist du genau richtig. Kiki's serviert köstliche authentische griechische Küche in einem ehemaligen Copyshop, dessen Werbung noch an der Fassade zu sehen ist. Empfehlenswerte Gerichte sind der *eggplant dip* und das Moussaka. Reservierungen sind leider nicht möglich.

130 Division Street, Tel. +1 6468827052, tgl. 12.00–24.00 Uhr, $ 15, Metro F East Broadway, Metro B, D Grand St.

(31) Seit vier Generationen betreibt Familie Russ diesen Laden, der seit 1904 an dieser Stelle besteht. **Russ & Daughters** verkauft köstlich belegte Bagels. Probiere den Bagel mit *lox*, gepökeltem Lachs. Manchmal muss man Schlange stehen, aber das Warten lohnt sich! Abgesehen von den Bagels sind sie für ihren Fisch bekannt, vor allem für den gepökelten Hering.

179 East Houston Street, www.russanddaughters.com, Tel. +1 2124754880, tgl. 8.30–16.30 Uhr, belegter Bagel $ 8, Metro F, J, M, Z Delancey St.–Essex St., Metro F 2nd Ave.

(37) Den besten Chai gibt es im **The Chai Spot** in Chinatown. Nachdem du am Eingang die Schuhe ausgezogen hast, betrittst du eine farbenfrohe Lounge mit handgefertigten pakistanischen Kissen und Matratzen. Das Trinken von Chai ist hier ein wirklich stimmungsvolles Erlebnis, sei es ein traditioneller *cardamom chai* oder ein *coconut rose chai*.

156 Mott Street, www.thechaispot.com, Tel. +1 6466785868, Mi–Fr 15.00–22.00, Sa–So 12.00–22.00 Uhr, Chai $ 5, Metro J, Z Bowery, Underground B, D, Grand St.

(38) **Nom Wah Tea Parlor** wurde 1920 als Bäckerei und Teehaus eröffnet, daher der Name. An dieser Ecke der Doyers Street tummelten sich damals viele Banden, und der Ort „The Bloody Angle" wurde genannt. Heute ist es eine gemütliche und farbenfrohe Straße, und man geht ins Nom Wah, um köstliche Dim-Sum in einem kantinenähnlichen Ambiente zu essen, in dem die Kanne Tee nicht fehlen darf.
13 Doyers Street, www.nomwah.com, Tel. +1 2129626047, Mo–Di & Do–So 11.00–21.00 Uhr, Dim-Sum $ 5, Metro N, Q, R, J, W, Z, 6 Canal St.

SHOPPEN

(1) Beginne den Tag mit einem Kaffee im **Upstate Stock**, Café und Laden in einem. In diesem ehemaligen Lagerhaus kannst du originelle Brooklyn-Souvenirs kaufen, außerdem bieten sie ihre eigenen coolen Hüte und Shirts an. Ladenhund Buddha wird dich willkommen heißen. Auf der Speisekarte stehen normale Kaffees, oder du wählst den *campfire latte* mit *maple syrup smoked sea salt*.
2 Berry Street, www.upstatestock.com, Mo–Fr 8.00–18.00, Sa 8.00–19.00, So 9.00–18.00 Uhr, Metro L Bedford Ave., Metro G Nassau Ave.

(4) Für echte Wagemutige! Jeder, der scharfes Essen liebt, muss einmal im **Heatonist** gewesen sein. In diesem fast japanisch anmutenden Laden gibt es nicht nur scharfe Saucen und Öle aus aller Welt, sondern auch andere scharfe Produkte findest du hier.
121 Wythe Avenue, www.heatonist.com, tgl. 12.00–19.00 Uhr, Metro L Bedford Ave.

(9) Das Ehepaar Jessica und Noel eröffnete im kreativen Williamsburg sein **Designers Collab**, ein wunderschönes großzügiges Geschäft. Hier kannst du Designermöbel, ausgefallene Glaswaren, modernen Schmuck und Vintage-Deko kaufen. Alle Produkte stammen von Kleinunternehmern mit einem Herz für Nachhaltigkeit.
135 Kent Avenue, www.designerscollab.com, Mo–Fr 10.00–19.00, Sa–So 10.00–20.00 Uhr, Metro L Bedford Ave.

(12) Der **Little Brooklyn Market** findet sich in einer *mini-mall* mit verschiedenen kreativen Geschäften. Vintage-Kleidung, Bücher, Comics, Seifen, Schmuck. Der *market* selbst liegt am Ende der Halle. Hier mieten *local artists* einen Platz, um

1

17

Shop with the locals

ihre meist selbst gemachten Produkte anzubieten. Die Verkäufer wechseln sich ab, sodass man auf ein ständig wechselndes Angebot trifft. Auf der Website erfährst du mehr über die Künstler.

218 Bedford Avenue, www.thelittlebrooklyn.com, Mo & Mi–Fr 12.00–20.00, Sa 11.00–20.00, So 12.00–19.00 Uhr, Metro L Bedford Ave.

⑬ **Catbird** ist vor allem auf minimalistischen Schmuck spezialisiert. Der Verkaufsschlager: Ringe zum Übereinanderstecken (*stack*) und Kombinieren. Du kannst dir auch ein Armband *zappen* lassen: Du kaufst ein goldenes Armband, das an dein Handgelenk geschweißt wird. Schaue dir auch die Accessoires an, wie zum Beispiel die Croissant-Leuchte, hergestellt aus einem echten Croissant.

219 Bedford Avenue, www.catbirdnyc.com, tgl. 11.00–19.00 Uhr, Metro L Bedford Ave.

⑰ **Mociun** wird von einer Innenarchitektin geführt, und das merkt man dem schönen, hellen Ladendesign auch an. Der Laden ist eher eine Galerie. Hier findest du schönen Schmuck, Seidenstrandtücher, Keramik-Accessoires und kleine Kunstwerke für besondere Anlässe.

683 Driggs Avenue, www.mociun.com, Di–Sa 12.00–18.00 Uhr, Metro L Bedford Ave., Metro G Metropolitan Ave.

⑱ Die deutsch-türkische Stylistin von **Berlyn 65** kuratierte die Kollektion aus ungewöhnlichem Schmuck, türkischen Strandtüchern und kleinen Gadgets. Besonders schön ist, dass der Schmuck von örtlichen Designern hergestellt wird. Wenn du den Laden betrittst, wähnst du dich für einen Moment auf Ibiza.

163 Grand Street, Di–So 11.00–19.00 Uhr, Metro L Bedford Ave., Metro G Metropolitan Ave.

㉙ Einst war dies eine Schuhreparaturwerkstatt, und auf dem Bürgersteig wurden Süßigkeiten verkauft. Während der Wirtschaftskrise der 1930er-Jahre warf die Schuhmacherei fast keinen Gewinn mehr ab und man beschloss, sie in einen Süßwarenladen umzuwandeln. **Economy Candy** ist ein Begriff für Naschkatzen auf der East Side. Hier wirst du fündig, wenn du auf der Suche nach besonderen Süßigkeiten bist, oder nach einer *special edition*, die du nirgendwo anders findest.

108 Rivington Street, www.economycandy.com, Mo–Di & Fr–So 12.00–17.00 Uhr, Metro F, J, M, Z Delancey St.–Essex St., Metro F 2nd Ave.

FREIZEITTIPPS

(2) Die **Brooklyn Brewery** ist heute eine weltbekannte Biermarke. In dieser Brauerei kannst du alle Biere probieren oder auch eine Führung buchen, inklusive einem eigenen Bierglas zum Mitnehmen. Erfahre mehr über die Geschichte dieser Marke und besuche noch kurz den *tasting room*, um weitere Sorten zu verkosten. Sonntags gibt es eine kostenlose kleine Führung.

79 North 11th Street, www.brooklynbrewery.com, Mo–Mi 16.00–21.00, Do 16.00–22.00, Fr 14.00–22.00, Sa 12.00–23.00, So 12.00–20.00, Führungen Di–Fr 16.00–18.00, So 13.00–18.00 Uhr (online reservieren), Bier $ 7, Führungen ab $ 23, Metro L Bedford Ave., Metro G Nassau Ave.

(6) Jeden Samstag und Sonntag kannst du **Artists and Fleas** besuchen, einen überdachten Markt für Antiquitäten, Vintage, Kunst, Fotografie, Kleidung, Schmuck und Accessoires. Alles wird von den Künstlern selbst verkauft.

70 North 7th Street, www.artistsandfleas.com, Sa–So 10.00–18.00 Uhr, Metro L Bedford Ave.

(8) Jeden Samstag im Sommer gibt es auf dem hippen **Smorgasburg**-Markt rund 50 Stände mit hausgemachten Snacks – Burger, Sandwiches, Eis, Kaffee und Limonade. Außerdem werden Kleidung, Schmuck und Accessoires angeboten. Und das alles an einem wunderschönen Ort mit Blick auf Manhattan! Freitags ist der Markt am World Trade Center und sonntags im Prospect Park zu finden.

90 Kent Avenue, www.smorgasburg.com, im Sommer Sa 11.00–18.00 Uhr, Metro L Bedford Ave.

(10) Jeden Abend treten in der **Music Hall of Williamsburg** *upcoming* und alternative Bands auf. Hier triffst du auf jeden Fall Locals. Innen hat man überall einen guten Blick auf die Bühne und der Sound ist großartig! Kaufe Tickets online, an der Tür oder an den *box offices*.

66 North 6th Street, www.musichallofwilliamsburg.com, siehe Website für Programm und Preise, Metro L Bedford Ave.

(16) Die **Knitting Factory** ist ein fester Begriff in der New Yorker Musikszene. Genau wie die Klubs The Bitter End und Arlene's Grocery hat sie eine Bühne für

For a great night out
NITEHAWK

6

Golly

8

BLOOD ORANGE
PERSIAN LIME
ROSEMARY
GARLIC
Cosimano e Ferrari
BLOOD ORANGE
$12.00
PERSIAN LIME
$12.00
ROSEMARY
$12.00

家常菜佳家湯

– bisher unbekannte – Punk-, Pop-, Rock- und Funkbands. Vielleicht steht die nächste Band Nirvana auf der Bühne, wenn du dort bist!
361 Metropolitan Avenue, bk.knittingfactory.com, siehe Website für das Programm, Eintritt $ 12, Metro L Lorimer St., Metro G Metropolitan Ave.

(19) Das **Nitehawk Cinema** ist ein gutes Kino für künstlerische und alternative Filme. Aber nicht nur die Filme sind etwas Besonderes, man kann hier auch während des Films speisen. Deine Bestellung wird vor Beginn des Films entgegengenommen und während des Films serviert. Die Speisekarte ist umfangreich, inklusive veganer Gerichte.
136 Metropolitan Avenue, www.nitehawkcinema.com, Mo–Fr ab 15.00, Sa–So ab 10.30 Uhr, Kinokarte $ 15, Metro L Bedford Ave.

(21) Der **Domino Park** ist ein weitläufiger Park, umgeben von schönen Spazierwegen entlang des East River, mit Ruhebänken und einem guten mexikanischen Streetfood-Restaurant. Für die Anwohner war es schwer vorstellbar, dass nach Jahren einer Industriebrache hier ein frischer, cooler Park entstehen sollte. Ein Teil der alten Fabrik vom berühmten **Domino's Sugar**, einst die größte Zuckerraffinerie der Welt, steht noch immer in der Mitte des Parks.
Grand Street und River Street, www.dominopark.com, tgl. 6.00–13.00 Uhr, Metro L Bedford Ave.

(30) **Arlene's Grocery** ist aus der New Yorker Musikszene nicht mehr wegzudenken. Große Namen wie Arcade Fire, Lana del Rey und natürlich Jeff Buckley haben diesen Laden zu ihrem Spielplatz gemacht. Jeden Abend tritt eine coole Band oder ein Act aus einem anderen Genre auf, und der Eintritt ist moderat.
95 Stanton Street, www.arlenesgrocerynyc.com, Mi–Fr 14.00 bis spät, Sa–So 16.00 Uhr bis spät, Eintritt ca. $ 10, Metro F, J, M, Z Delancey St.–Essex St., Metro F 2nd Ave.

(36) Die **Mott Street** war einst ein gefährliches Elendsviertel. Im späten 19. Jahrhundert war sie oft Schauplatz von Kämpfen zwischen Straßenbanden wie den Dead Rabbits und den Bowery Boys. Die Mott Street ist als die Hauptstraße von Chinatown bekannt. Wo du auch hinschaust, siehst du Läden mit asiatischem Gemüse, Fisch und Fleisch oder Krimskrams in einem Gewirr von Menschen.
Mott & Kenmare Street, Metro J, Z Bowery, Metro 6 Spring St.

ROUTE 6

UPPER WEST SIDE & HARLEM

INFOS ZUR ROUTE

Dieser lange, mehr als dreistündige Spaziergang ist vor allem afroamerikanischer Kultur und historischer Architektur gewidmet. Die Route führt entlang des Hudson River und durch den wunderschönen Riverside Park. Im und um den Park ist es wunderbar ruhig; du lernst eine ganz andere Seite von New York kennen. Der letzte Teil des Spaziergangs führt dich durch den Stadtteil Harlem. Dieses Viertel sollte man am besten wochentags besuchen, da es an den Wochenenden oft sehr voll ist.

DIE VIERTEL

Zwischen Central Park und Hudson River liegt die **Upper West Side**, ein Viertel mit einer reichen Geschichte von Wissen und Kultur. Es ist heute schwer vorstellbar, aber bis zum späten 19. Jahrhundert wurde dieser Teil New Yorks „die Wildnis" genannt. Erst 1880 wurde mit dem Bau des Viertels begonnen; inmitten einer zerklüfteten Landschaft entstand mit **The Dakota** der erste Apartmentkomplex. Der Bau von Oberleitungen für die Eisenbahn ermöglichte es den New Yorkern, weiter entfernt von ihrer Arbeit *downtown* zu wohnen. Und damit war die Upper West Side geboren.

Viele Straßen und Viertel mit ihren *brownstones* und *rowhouses* sind heute als historisches Stadtbild ausgewiesen. Der südliche Teil der Upper West Side ist vor allem als kulturelles Zentrum bekannt. Auf der Nordseite dominieren **Riverside Church** und **Columbia University** die Skyline. Und dazwischen findest du eine Sammlung von kleinen Museen, Geschäften, Boutiquen und Restaurants. Film- und Fernsehmacher wählen das Viertel oft als Wohnort für „normale" New Yorker, wie in *e-m@il für Dich* und *Will & Grace*.

Der berühmte Central Park ist nicht der einzige Park auf der Upper West Side. Entlang des Ufers des Hudson River liegt der **Riverside Park**, von dem die Einheimischen sagen, er sei der schönste Park in Manhattan. Sie nutzen den Park

für Sport und Entspannung und finde
Abkühlung am Hudson.

Nördlich der Upper West Side liegt ei
der Stadtteil **Harlem**. Hier findet mar
nalhelden gewidmet) und das legend
Immer mehr New Yorker leben gern i
schen Brownstone-Häusern und den
ein bisschen rauer. Hier ist es nie ruh
regt auf der Straße, überall ertönt Mu
ihren Türen. Hier spürt man die Seele

WENIG ZEIT? DAS SIND DIE HIGH
LINCOLN CENTER + THE DAKOTA
UNIVERSITY + APOLLO THEATER

Go local!

Relax

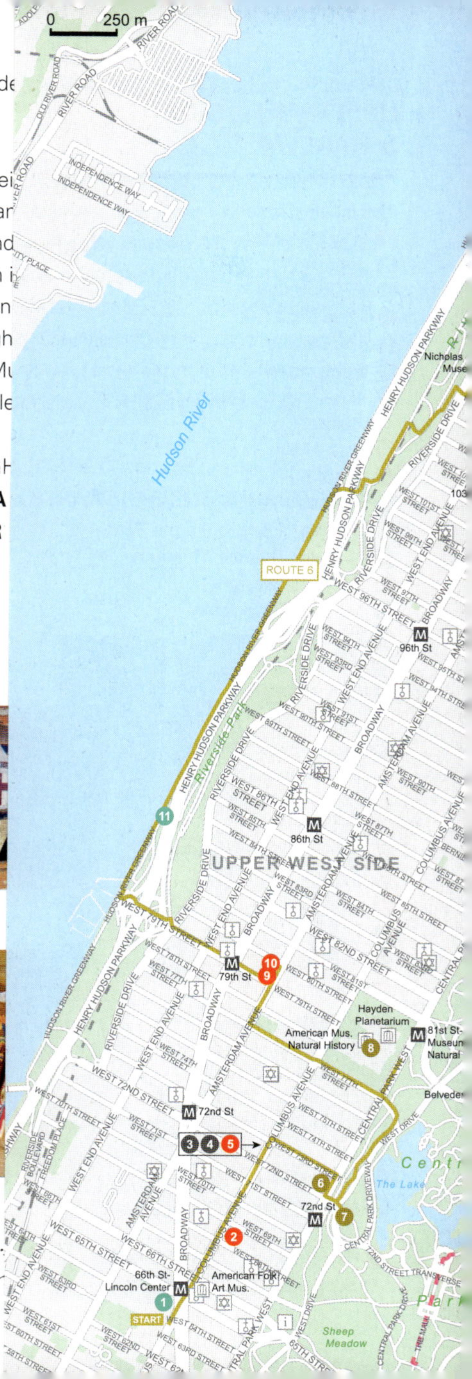

LEGENDE
>> SEHENSWÜRDIGKEITEN
>> ESSEN & TRINKEN
>> SHOPPEN
>> FREIZEITTIPPS
HARLEM
UPPER EAST SIDE
CENTRAL PARK
Central Park
Harlem Meer
The Pool
The Loch
Conservatory Gardens
North Meadow
East Meadow
Jacqueline Kennedy Onassis Reservoir
Marcus Garvey Memorial Park
Jefferson Park
Museum of the City of New York
Jewish Museum
Cooper-Hewitt, Nat. Design Mus.
Guggenheim Museum
Neue Galerie New York
The Metropolitan Museum of Art
Whitney Mus. of American Art
Frick Collection
Castle
Turtle Pond
East River
Harlem River
Wards Island
Roosevelt Island
Mill Rock
ZIEL
ROUTE 4
116th St-Columbia Univ.
110th St-Cathedral Parkway
110th St-Central Park North
125th St
116th St
103rd St
96th St
86th St
77th St
135th St
110th St
Riverside Park
Riverside Drive
Henry Hudson Parkway
Broadway
Amsterdam Avenue
Columbus Avenue
Central Park West
Morningside Avenue
Manhattan Avenue
Saint Nicholas Avenue
Frederick Douglass Boulevard
Adam Clayton Powell Jr. Boulevard
Lenox Avenue
Malcolm X Boulevard
5th Avenue
Madison Avenue
Park Avenue
Lexington Avenue
3rd Avenue
2nd Avenue
1st Avenue
FDR Drive
Harlem River Drive
Cathedral Parkway
Central Park North
97th Street Transverse
86th Street Transverse
Reservoir Running Track
Wards Island Bridge
Mount Morris Park West

BESCHREIBUNG ROUTE 6 (ca. 13,6 km)

Starte am Lincoln Center 1. Gehe auf der Columbus Avenue nach Norden für einen Crêpe-to-go 2. An der Ecke zur 73rd Street kannst du einkaufen 3 4, oder einen Afternoon Tea einnehmen 5. Gehe rechts in die 73rd Street und am Ende wieder rechts zum Haus von John Lennon 6. Überquere die Straße und gehe in den Central Park zu seiner Gedenkstätte 7. Laufe ein Stück durch den Park, parallel zur Hauptstraße. Verlasse auf Höhe der 77th Street den Park. Gehe hinüber zum Museum 8. Jetzt links um das Museum und rechts in die Amsterdam Avenue. An der Ecke zur 79th Street kannst du etwas trinken 9 oder ein Eis essen 10. Gehe zurück, biege rechts in die 79th Street ein und laufe weiter zum Hudson 11. Biege rechts ab und gehe am Fluss entlang, vorbei an den Tennisplätzen. An der Abzweigung etwa 100 Meter rechts und rechts um den Sportplatz herum. Gehe vor dem *dog run* rechts und zum Parkausgang. Überquere den Riverside Drive und laufe in die 107th Street zu einem besonderen Museum 12. Gehe links auf den Broadway zu einem weltberühmten *diner* 13 und für Schokolade 14. Jetzt links auf die 116th Street und wieder rechts in die Claremont Avenue. Gehe links in die 120th Street und rechts zum Riverside Drive, um die Kathedrale zu besuchen 15. Weiter auf dem Riverside Drive zu Grant's Tomb 16 und zur Kirschblüte 17. Gehe rechts um den Park herum und rechts in die La Salle Street, um italienisch zu essen 18. Biege wieder rechts in den Broadway ein. Laufe am Eingang der Universität vorbei, um einen Sweater 19 zu kaufen. Gehe zurück und rechts durch die Passage der Universität 20. Überquere die Amsterdam Avenue für ein Bier 21. Wenn du die Universität verlässt, biege links in die Amsterdam Avenue ein, um St. John zu besuchen 22 oder ein paar Leckereien zu essen 23. Laufe zurück und rechts in die 113th Street. Gehe in den Park 24 und verlasse ihn auf der anderen Seite. Überquere die Morningside Avenue. Jetzt links zum Frederick Douglass Boulevard. Auf der 116th Street kannst du einkaufen 25 oder zur Harlem Tavern 26 gehen. Laufe weiter und wähle Kaffee 27 oder Wein 28 und ein Harlem-Shirt 29. An der Kreuzung steht eine bedeutende Statue 30. Gehe weiter und rechts in die 125th Street. Besuche das berühmte Theater 31. Jetzt links zum Adam Clayton Powell Jr Boulevard. Biege rechts in die 133rd Street ein für einen Jazzabend 32. Gehe nun rechts zum Malcolm X Boulevard. Auf der linken Seite, an der 130th Street, siehst du ungewöhnliche Häuser 33. Gehe zurück und die nächste Straße links zum Jazz Museum 34. Auf dem Malcolm X Boulevard und der 126th Street beendest du die Route in einem guten Restaurant 35.

SEHENSWÜRDIGKEITEN

⑥ Dieses Gebäude von 1884 ist eigentlich nichts weiter als ein Gebäude mit Luxus-Apartments, aber seit dem 8. Dezember 1980 lockt es jedes Jahr zahlreiche Besucher an. An diesem Tag wurde John Lennon auf dem Weg zu seiner Wohnung in **The Dakota** auf der Straße erschossen. Seine Witwe Yoko Ono wohnt noch immer hier. Das Gebäude mit seinen Türmchen und Giebelspitzen sieht fast wie eine Burg aus. So wollte man damals wohlhabende New Yorker überzeugen, dass das Leben in einem Apartment genauso luxuriös sein konnte wie in einem eigenen Haus.

1 West 72nd Street, nicht öffentlich zugänglich, Metro B, C, 1, 2, 3 72nd St.

⑦ Dieses kleine Fleckchen im Central Park, direkt gegenüber The Dakota, wurde nach dem Tod von John Lennon zu einem Ort des Gedenkens an ihn. Fans kommen nach **Strawberry Fields**, um Blumen auf das Wort *imagine* zu legen, das in einem Mosaik eingelassen ist. An dieser Stelle im Park kann man sitzen und den Fans lauschen, die hier oft Lieder des Sängers singen und sich auf der Gitarre begleiten.

Eingang Central Park West an der West 72nd Street, www.centralparknyc.org, tgl. 6.00–1.00 Uhr, Metro B, C, 1, 2, 3 72nd St.

⑧ Das **American Museum of Natural History** ist eines der größten Museen der Vereinigten Staaten und vor allem für seine große Sammlung von Dinosaurierfossilien bekannt. Das imposante Museum, das auf den Central Park blickt, zeigt beeindruckende Exponate und Sammlungen über *Native Americans*, Biologie und Evolution des Menschen, Meteoriten, Mineralien, Säugetiere und vieles mehr.

200 Central Park West, www.amnh.org, Mi–So 10.00–17.30 Uhr, Eintritt $ 23 (oder freiwilliger Beitrag), Metro B, C 81st St., Metro 1 79th St.

⑫ Das **Nicholas Roerich Museum** ist ein kleines, exzentrisches Museum in einem typischen Stadthaus der Upper West Side. Es zeigt etwa zweihundert Gemälde des russischen Künstlers Roerich, der in den 1920er-Jahren nach New York kam. Karten und Reproduktionen seiner Werke werden hier verkauft.

319 West 107th Street, www.roerich.org, Di–So 12.00–16.00 Uhr, Eintritt frei (Spenden willkommen), Metro 1, B, C 110th St.–Cathedral Parkway

22

Get cultured!

(15) Die 1930 fertiggestellte **Riverside Church** ist mit fast 120 Metern die höchste Kirche der Vereinigten Staaten. Das Gebäude wurde nach dem Vorbild der gotischen Kathedrale von Chartres entworfen. Im Inneren der Kirche hängt ein Glockenspiel, das mit 74 Glocken das schwerste der Welt ist. Die größte Glocke wiegt 20 Tonnen, die kleinste 5 Kilo. Du kannst eine *tower tour* buchen.
490 Riverside Drive, www.theriversidechurchny.org, Mi–Do & Sa 10.00–16.00 Uhr, Eintritt frei, Tower Tour $ 20, Metro 1 116th St.–Columbia University

(16) Es ist ein altes Rätsel für US-Schüler: „Wer liegt in **Grant's Tomb**?" Die Antwort lautet: Niemand. Der 18. Präsident – General Ulysses S. Grant – und seine Frau Julia sind hier nicht begraben, sondern in einem Grabmal aufgebahrt. Grant, einer der Helden des Bürgerkriegs, war zu seiner Zeit sehr populär. Das erklärt, warum dies das zweitgrößte Mausoleum Nordamerikas ist.
West 22nd Street & Riverside Drive, www.grantstomb.org, Mi–So 9.00–17.00 Uhr, Eintritt frei, Metro 1 116th St.–Columbia University

(20) Die **Columbia University** ist eine der ältesten, reichsten und größten Universitäten des Landes. Die Geschäftigkeit, die Mischung aus Klassik und Moderne und die vielen Grünflächen machen sie zu einem echten urbanen Campus. Auf der beeindruckenden Liste der berühmten Columbia-Studenten finden sich Namen wie Theodore Roosevelt, John Jay und Barack Obama. Schau dir die Statue **Alma Mater** an. In ihrem Gewand ist eine Eule, das Symbol der Weisheit, versteckt. Der Student eines jeden neuen Jahrgangs, der die Eule als Erster findet, wird sein Studium mit den besten Noten abschließen. Im Besucherzentrum erhältst du einen Lageplan, um noch mehr über das Gelände zu erfahren.
West 114th bis 120th Street, Broadway bis Amsterdam Avenue, www.columbia.edu, Campus öffentlich zugänglich, Eintritt frei, Metro 1 116th St.

(22) Wenn größer tatsächlich besser ist, wirst du kaum eine bessere Kathedrale finden als **St. John the Divine**. Der Bau dieses Kolosses wurde 1891 begonnen und die Arbeiten dauern immer noch an. Jedes Jahr im April kommen Dutzende Radfahrer in die Kirche, um ihre Fahrräder segnen zu lassen.
1047 Amsterdam Avenue, www.stjohndivine.org, Mo–Fr 9.30–15.00, Sa 9.30–17.00, So 10.00–17.00 Uhr, Eintritt $ 10, siehe Website für Öffnungszeiten und Preise, Metro 1, B, C 110th St.–Cathedral Parkway

(30) Inmitten des geschäftigen Treibens von Harlem steht das **Harriet Tubman Memorial**. Harriet Tubman kämpfte für die Abschaffung der Sklaverei und verhalf mindestens dreihundert Sklaven mit Hilfe des Netzwerks Underground Railroad zur Flucht. Bilder von ihnen sind auf dem Kleid der Statue zu sehen.
St. Nicholas Avenue & Frederick Douglass Boulevard, Metro B, C 116th St., Metro A, B, C, D, 2, 3 125th St.

(33) **Astor Row** ist der Name der 28 ersten *townhouses* in Harlem, an der Südseite der West 130th Street. Die Häuser, die zwischen 1880 und 1883 auf dem Grundstück von John Jacob Astor errichtet wurden, sind auffällig: Jedes Haus hat einen eigenen Vorgärten und eine hölzerne Veranda – einzigartig für Manhattan! Die Häuser wurden im Laufe der Jahre schlecht instandgehalten, aber als die Stadt die Astor Row 1981 als Wahrzeichen auswies, konnten Mittel für eine gründliche Renovierung bereitgestellt werden. Sogar Ella Fitzgerald gab 1992 ein Benefizkonzert in der Radio City Music Hall. Seitdem erstrahlen die Häuser und Veranden wieder in ihrem früheren Glanz.
West 130th Street, zwischen 5th Avenue & Lenox Avenue, Metro 2, 3 125th St.

ESSEN & TRINKEN

(2) Bestelle bei **Vive la Crêpe** eine Crêpe zum Mitnehmen. Die Auswahl ist riesig, mit süßen und herzhaften Varianten, wie *goldi-lox*, eine herzhafte Crêpe mit Lachs und Ei. Neben der normalen Crêpe gibt es eine glutenfreie Variante sowie zusätzlich eine umfangreiche Kaffee- und Smoothie-Karte.
189 Columbus Avenue, www.vivelacrepe.fr, Tel. +1 8552737369, tgl. 8.00–18.00 Uhr, Crêpe $ 11, Metro 1 66th St.–Lincoln Centre, Metro 1, 2, 3 72nd St.

(5) 2001 gründeten die Schwestern Haley und Lauren ihr eigenes Teehaus **Alice's Tea Cup**. Sie führen die zwei Restaurants Chapter 1 und Chapter 2. Chapter 1 ist ein puppenhaftes kleines Restaurant um die Ecke der Columbus Avenue. Hier kannst du in geselliger Atmosphäre kleine Gerichte und Sandwiches genießen oder den *afternoon tea* für zwei Personen bestellen.
102 West 73rd Street, www.alicesteacup.com, Tel. +1 2127993006, Mo–Fr 11.00–18.00, Sa–So 10.00–18.00 Uhr, Afternoon Tea $ 36, Metro 1, 2, 3 72nd St.

20

⑨ Das Schöne an **Nice Matin** ist, dass es zwei Filialen gibt: sowohl auf der Upper East Side als auch auf der Upper West Side in der 79th Street. Noch besser ist, dass sie eine schöne Außenterrasse haben, auf der du ganz dekadent einen Sekt zu französischen Häppchen genießt. Der ganze Stolz ist die Weinkarte mit mehr als 2500 Weinen, darunter auch Flaschen aus dem Weinkeller des verstorbenen Präsidenten John F. Kennedy.

201 West 79th Street, www.nicematinnyc.com, Tel. +1 2128736423, tgl. 11.30–15.30, Mo–Do & So 17.00–22.00, Fr–So 17.00–23.00 Uhr, $ 29, Metro 1 79th St.

⑩ Wer sagt, Eis sei nur etwas für Kinder? Bei **Amorino**, der besten Eisdiele der Upper West Side, kannst du die leckersten Sorten zusammenstellen oder eine feste Auswahl bestellen. Bei den wunderschönen rosenförmigen Kugeln fühlst du dich gleich wieder wie ein Kind. Je Eis kannst du vier Sorten bestellen, wie z. B. *amareno*, *apple caramel*, *mint chocolate* oder *lime and basil*.

414 Amsterdam Avenue, www.amorino.com, Tel. +1 2128775700, Mo–Do & So 12.00–22.00, Fr & Sa 12.00–22.30 Uhr, Eis $ 5, Metro 1 79th St.

⑬ In der beliebten Comedy-Serie *Seinfeld* aßen die Schauspieler oft im fiktiven Monk's Café. Das Innere war ein Studio, aber die Außenansicht gibt es wirklich, und zwar ist es die von **Tom's Restaurant**. Es ist daher eine der berühmtesten Neonwerbungen in New York. Der Hit *Tom's Diner* der Sängerin Suzanne Vega basiert ebenfalls darauf. In diesem *classic American diner* kannst du von morgens bis abends spät Pancakes, *French toast*, Sandwiches und Burger bestellen.
2880 Broadway, www.tomsrestaurant.net, Tel. +1 2128646137, tgl. 7.00–23.00 Uhr, Burger $ 10, Metro 1 110th St.–Cathedral Parkway

⑱ Versteckt in einer Gasse in Morning Heights, würde man meinen, dass dieses kleine Restaurant perfekt ins quirlige SoHo passen würde. Im **Pisticci** stehen italienische Köstlichkeiten wie gefüllter Portobello und Lammragout auf der Speisekarte. Am Wochenende spielt regelmäßig eine Jazzband. Das Restaurant verwendet nur Gemüse aus dem eigenen Garten, der außerhalb der Stadt liegt. Und Essensreste werden als Kompost auf das Land zurückgebracht.
125 La Salle Street, www.pisticcinyc.com, Tel. +1 2129323500, tgl. 17.00–22.30 & Mi–Fr 12.00–15.00, Sa–So 11.00–15.00 Uhr, Pasta $ 18, Metro 1 125th St.

㉑ Im **Arts & Crafts Beer Parlor** findest du die perfekte Kombination aus gemütlicher Atmosphäre, 24 Bieren vom Fass und wechselnden Kunstausstellungen. Du kannst eine Verkostung bestellen, bei der ein Tablett mit 6, 12, 18 oder 24 Biersorten serviert wird. So kannst du von allem probieren. Von Montag bis Samstag kann man von 12.00 bis 15.00 Uhr für $ 10 inklusive Getränk zu Mittag essen.
1135 Amsterdam Avenue, www.artsandcraftsbarnyc.com, Tel. +1 9176756835, Mo–Di & So 15.00–24.00, Mi–Do 12.00–24.00, Fr–Sa 12.00–1.00 Uhr, Bier $ 9, Verkostung 6 Biere $ 28, Metro 1 116th St.–Columbia University

㉓ Im Schatten von St. John the Divine liegt der **Hungarian Pastry Shop**, ein fester Anlaufpunkt der Studenten der Columbia University. Man könnte fast sagen, dass die Konditorei fester Bestandteil der Universität ist. Aber auch andere Anwohner kehren oft hier ein, um Gebäck oder eine Tasse Kaffee zu genießen.
1030 Amsterdam Avenue, FB @hungarianpastryshopnyc, Tel. +1 2128664230, Mo–Fr 7.30–20.30, Sa 8.30–20.30, So 8.30–20.00 Uhr, Kaffee $ 3 (nur Barzahlung), Metro 1, B, C 110th St.–Cathedral Parkway

(26) Das Restaurant und der Biergarten der **Harlem Tavern** sind im Viertel für ihre Live-Musik und die dort auftretenden DJs sehr bekannt. Draußen stehen lange Bierzelttische, an denen die Leute schnell miteinander ins Gespräch kommen. Besonders während wichtiger Sportspiele ist es angenehm überfüllt.
2153 Frederick Douglass Boulevard, www.harlemtavern.com, Tel. +1 2128664500, Mo–Do & So 12.00–24.00, Fr–Sa 12.00–1.00 Uhr, $ 22, Metro B, C 116th St.

(27) Ein lokaler Coffeeshop ist in Harlem tatsächlich etwas Besonderes. **Double Dutch Espresso** ist bei den Locals ein Begriff. Man fühlt sich schnell heimisch in diesem Café mit den zahlreichen Fundstücken an der Wand. Bestelle einen Espresso oder einen leckeren Avocado-Toast. Im Sommer lädt der Garten zum Kaffeetrinken ein.
2194 Frederick Douglass Boulevard, www.doubledutchespresso.com, Tel. +1 6464298834, Mo–Fr 7.00–19.00, Sa–So 8.00–19.00 Uhr, Kaffee $ 3, Metro B, C 116th St.

(28) Alles im angesagten Restaurant **Vinatería** ist gebraucht und auf neue, moderne Weise umfunktioniert. An der großen Bar werden leckere Cocktails serviert, zu denen man Snacks wie Fischkroketten und Polenta-Pommes kombinieren kann. Die Küche ist traditionell spanisch-italienisch, und es wird vor allem mit lokalen und saisonalen Produkten gekocht.
2211 Frederick Douglass Boulevard, www.vinaterianyc.com, Tel. +1 2126628462, Mo–Fr 16.00–23.00, Sa–So 12.00–23.00 Uhr, $ 23, Metro B, C 116th St.

(35) Im **Red Rooster Harlem** wird *soul food* serviert: einfache, aber köstliche Gerichte aus den Südstaaten. Besonders der *fried yard bird* ist ein Muss. Es ist hier immer voll. An manchen Abenden gibt es Live-Musik an der Bar. Im unteren Stockwerk befindet sich **Ginny's Supperclub**, ein *speakeasy* mit dem Flair der 1920er-Jahre. Wenn du keinen Tisch bekommst, ist die Chance groß, dass du unten noch reinkommst.
310 Lenox Avenue, www.redroosterharlem.com, Tel. +1 2127929001, Mo–Do 12.00–19.00, Fr 12.00–21.45, Sa 11.00–21.45, So 11.00–21.00 Uhr, $ 27, Metro A, B, C, D, 2, 3 125th St.

26

27
coffee

23

28

23

27

JOHNNY WAS

SHOPPEN

③ Bei **Johnny Was** gibt es alles, was *bohemian* und farbenfroh ist. Samtkleidung in bunten Farben, Stickereien, Fransen und Gold. Nichts von dem, was verkauft wird, ist Dutzendware. Die Kimonos sind der Verkaufsschlager. Von Kleidung bis zu Kissen oder Seidenschals, alles im zeitlosen kalifornischen Stil.
270 Columbus Avenue, www.johnnywas.com, Mo–Sa 11.00–18.00, So 11.00–17.00 Uhr, Metro 1, 2, 3 72nd St.

④ **KTCollection** ist eine entzückende Schmuckboutique. Inhaberin Katie begann als Teenager mit der Herstellung von Schmuck und nach einer erfolgreichen Karriere in der Zeitschriftenwelt versuchte sie, ihren Schmuck auf Weihnachtsmärkten anzubieten. Nach vielen Jahren auf verschiedenen Märkten eröffnete sie ihren Flagship-Store in einer hübschen Ecke der Columbus Avenue.
276 Columbus Avenue, www.ktcollection.com, tgl. 11.00–19.00 Uhr, Metro 1, 2, 3 72nd St.

⑭ Bei **Mondel Chocolates** gibt es herrliche selbst gemachte Schokolade. Katherine Hepburn kam gern hierher, und der Laden wurde sogar in ihrer Biografie erwähnt. Mondel gewann einen Preis für den besten *buttercrunch*.
2913 Broadway, www.mondelchocolates.com, Di–Sa 11.30–18.00 Uhr, Metro 1 116th St.–Columbia University

⑲ Im **Columbia University Bookstore** gibt es Souvenirs und Pullover der Columbia University. Studenten kaufen hier ihre Schreibwaren und Bücher.
2922 Broadway, www.columbia.bncollege.com, Mo–Fr 10.00–19.00, Sa–So 12.00–17.00 Uhr, Metro 1 116th St.–Columbia University

㉕ **Silvana** ist farbenfroher Shop und Café in einem. Die Atmosphäre ist eine Mischung aus Afrika und Israel, mit fröhlichen Artikeln – von Karten und Vasen bis zu Schmuck, handgefertigten Kleidungsstücken und anderem Schnickschnack. Hier kann man Kaffee trinken, frühstücken, zu Mittag oder zu Abend essen, und in der Bar im Erdgeschoss gibt es jeden Abend Live-Musik.
300 West 116th Street, www.silvana-nyc.com, tgl. 8.00–14.00, Bar tgl.16.00–4.00 Uhr, Metro B, C 116th St.

(29) Wenn du ein einzigartiges Andenken an Harlem suchst, solltest du bei **Harlem Underground** vorbeischauen, wo *black culture* im Mittelpunkt steht. Seit 1998 verkauft der Laden vor allem *Harlem themed* Kleidung und Accessoires sowie Kleidung mit *African American* Helden.
2219 Frederick Douglass Boulevard, www.harlemunderground.com, Mo–Sa 13.00–19.00, So 13.00–18.00 Uhr, Metro B, C 116th St., Metro A, B, C, D, 2, 3 125th St.

FREIZEITTIPPS

(1) Das **Lincoln Center** ist eine der größten Ansammlungen von Kunst und Kultur in New York. Ballett, Oper, Jazz: Das Lincoln Center hat alles zu bieten. Und mit dem Niederländer Jaap van Zweden am Pult des New York Philharmonic Orchestra ist es auch ein bisschen niederländisch, oder?
10 Lincoln Center Plaza, www.lincolncenter.org, siehe Website für Programm und Preise, Metro 1 66th St.–Lincoln Center, Metro 1, 2, 3 72nd St.

(11) Der **Riverside Park** liegt auf der Westseite von Manhattan. Er erstreckt sich von der 155th Street im Norden bis zur 59th Street im Süden und ist über sechs Kilometer lang. Er ist ideal, wenn du eine andere Grünanlage als den Central Park suchst und dich dort entspannen willst, wo die Bewohner der Upper West Side und Harlem das tun. Hier kann man ausgiebig spazieren gehen und Rad fahren und hat immer einen Blick auf den Hudson. An der 91st Street befindet sich ein Nachbarschaftsgarten, **People's Garden**, der von vierzig fleißigen Freiwilligen wunderbar gepflegt wird. Eine kurze Pause auf dem Spaziergang? Dann suche dir einen Platz an einem der Picknicktische im **Ellington in the Park**, direkt am Wasser.
Riverside Drive zwischen W 83rd und W 84th Street, www.nycgovparks.org, von Sonnenaufgang bis Sonnenuntergang, Metro 1 79th St.

(17) Der **Sakura Park** verdankt seinen Namen den zweitausend Kirschbäumen, die dort stehen. Diese wurden der Stadt New York 1912 von Japan geschenkt. *Sakura* bedeutet Kirschblüte, und die wunderschönen Bäume blühen Ende April, Anfang Mai. Hier treffen sich Einheimische gern zum Picknick.
Riverside Drive & West 122nd Street, www.nycgovparks.org, tgl. 6.00–1.00 Uhr, Metro 1 116th St.–Columbia University

The best local music

1
Paul Milstein Pool and Terrace

11

Walks

(24) Der **Morningside Park** ist ein wunderschön gepflegter Ruheplatz, den man vor allem morgens aufsuchen sollte, wenn die Sonne über den Hügeln aufgeht. Laufe die Treppe hinunter und bewundere die Aussicht auf den zauberhaften Park und Harlem. Samstags findet hier ganztägig ein Obst- und Gemüsemarkt statt. Alle Produkte kommen direkt vom Bauern. Außerdem gibt es hier häufig Musik-Events.

Morningside Drive & 113th Street, www.morningsidepark.org, tgl. 6.00–1.00 Uhr, Metro B, C 116th St., Metro 1 116th St.–Columbia University

(31) Im **Apollo Theater** werden Stars geboren. Ella Fitzgerald, James Brown, Michael Jackson, D'Angelo und Lauryn Hill sind hier aufgetreten. Andere gaben hier ihr Debüt bei der berühmten Amateur Night am Mittwochabend. Ein Besuch ist sicher ein Erlebnis. Das Theater hat seinen eigenen Walk of Fame mit Größen wie Aretha Franklin und Stevie Wonder.

253 West 125th Street, www.apollotheaters.org, Kartenverkauf Mo–Fr 10.00–18.00, Sa 12.00–17.00 Uhr, siehe Website für Programm und Preise, Metro A, B, C, D, 2, 3 125th St.

(32) Gehe zu **Bill's Place** für ein einzigartiges Jazzerlebnis. An genau diesem Ort begann Billie Holiday ihre Karriere. Diese Straße war in den 1920er-Jahren als Swing Street bekannt. Alkohol war in New York streng verboten, und es entstanden geheime Orte zum Trinken, die so genannten *speakeasies*. An dieser Stelle befand sich ein Speakeasy für Jazzliebhaber, einfach in einem Wohnzimmer. Freitags und samstags kannst du hier immer noch Live-Jazz genießen. Allerdings solltest du frühzeitig reservieren.

148 West 133rd Street, www.billsplaceharlem.com, Fr–Sa 18.30 Uhr bis spät, Eintritt $ 30, Metro 2, 3 135th St.

(34) Wenn etwas typisch für Amerika, New York oder sogar Harlem ist, dann ist es der Jazz! Er ist in diesem Viertel unglaublich lebendig und das **National Jazz Museum in Harlem** stellt dies sehr gut heraus. Eine nicht allzu große Sammlung und Geschichtsleiste geben einen guten Überblick über den Jazz in New York.

58 West 129th Street, www.jmih.org, Do–So 12.00–17.00 Uhr, Eintritt $ 10, Metro 2, 3 125th St.

WAS ES SONST NOCH GIBT

Wenn du den Routen in diesem Führer folgst, kommst du automatisch an den wichtigsten Highlights der Stadt vorbei. Doch es gibt eine Reihe von Orten und Sehenswürdigkeiten außerhalb dieser Routen, die auf jeden Fall einen Besuch wert sind. Im Folgenden werden sie kurz vorgestellt. Beachte, dass einige vom Stadtzentrum nur schwer zu Fuß zu erreichen sind, aber mit öffentlichen Verkehrsmitteln gelangst du gut dorthin.

Ⓐ Das **Dyckman Farmhouse** ist das älteste erhaltene Bauernhaus in Manhattan. Das Haus wurde um 1784 von William Dyckman erbaut. Während die Gegend im Norden Manhattans weiter bebaut wurde, blieb dieses kleine Häuschen stehen. Es bildet einen schönen Kontrast in diesem *concrete jungle* und man kann es besichtigen. Hier sieht man noch viele niederländische Elemente.
4881 W 204th Street, dyckmanfarmhouse.org, Do–Sa 10.00–16.00 Uhr, Eintritt $ 3, Metro A, 1 207th St.

Ⓑ Obwohl es offiziell zu Manhattan gehört, vermittelt **The Met Cloisters** auf einer Anhöhe den Eindruck, weit außerhalb der Stadt zu liegen. Das Klostermuseum ist eine Dependance des Metropolitan Museum of Art und widmet sich mittelalterlicher Kunst.
99 Margaret Corbin Drive, metmuseum.org, Mi–Di & Do–So 10.00–17.00 Uhr, Eintritt $ 25, am selben Tag auch gültig für The Met 5th Avenue, Metro A Dyckman St.

Ⓒ Der **Hudson River Park** erstreckt sich vom Battery Park bis zur 57th Street. Der pulsierende, über 7 Kilometer lange Park bietet kostenlose Aktivitäten am Wasser wie Skaten und Kajakfahren. Es gibt Spielplätze, Tennisplätze und Segelclubs. Außerdem werden das ganze Jahr über Veranstaltungen organisiert. Tipp: Am Pier 25 gibt es einen schönen Minigolfplatz mit toller Aussicht und du kannst zu Fuß zum Pier 26 spazieren, um im **City Vineyard** einen Wein zu trinken.
Hudson River Greenway, hudsonriverpark.org, Metro 1, 2, 3 Chambers St.

Ⓓ Seit 1952 befindet sich an dieser Stelle das **United Nations Headquarters**. Die einfachen geometrischen Formen, die Glaswände und das Fehlen historischer Bezüge sind charakteristisch für den internationalen Stil, in dem es erbaut

wurde. Der Eintritt ins Besucherzentrum ist frei und es gibt regelmäßig schöne Ausstellungen. Du kannst auch an einer geführten Tour teilnehmen.
46th Street und 1st Avenue, un.org, Mo–Fr 9.00–16.45 Uhr, geführte Tour $ 22, Metro S, 4, 5, 6, 7 Grand Central–42nd St.

Ⓔ Das **Brooklyn Museum** ist eines der ältesten und größten Museen des Landes. Seine Sammlung umfasst Schätze verschiedener Weltkulturen bis hin zur Malerei. Vor allem die Wechselausstellungen locken viele Besucher in das imposante Gebäude von 1895. Es ist unmöglich, alles an einem Tag zu sehen, also musst du eine Auswahl treffen! Der Eintritt an jedem ersten Samstag im Monat ist frei.
200 Eastern Parkway, www.brooklynmuseum.org, Mi–Do & So 11.00–18.00, Fr–Sa 11.00–20.00, 1. Sa. im Monat 14.00–18.00 Uhr, Eintritt $ 16, U-Bahn 2, 3 Eastern Parkway/Brooklyn Museum

Ⓕ Das **New York Transit Museum** befindet sich in einer alten U-Bahn-Station in Brooklyn Heights. Auf einer Reise in die Vergangenheit siehst du verschiedene U-Bahn-Waggons, von denen der älteste aus dem Jahr 1908 stammt. Die

meisten der Waggons sind frei zugänglich, um zu erleben, wie das U-Bahn-Fahren damals gewesen sein muss. Du erfährst viel über die Geschichte des öffentlichen Nahverkehrs in New York; sehr empfehlenswert.
99 Schermerhorn Street, nytransitmuseum.org, Fr–So 11.00–16.00 Uhr, Eintritt $ 10, Metro 2, 3, 4, 5 Borough Hall, Metro A, C, G Schermerhorn St.

Ⓖ In der Nähe von Williamsburg liegt Bushwick, abgeleitet vom niederländischen Namen *Boswijck* (Waldviertel). Das Viertel ist vor allem wegen der zahlreichen Graffitis des **Bushwick Collective** bekannt. Über diese Organisation arbeiten viele Künstler zusammen, um dem Viertel jedes Jahr mit fantastischster Streetart ein *touchup* zu geben. Die schönsten *murals* sind in der Troutman Street und der St. Nicholas Avenue zu finden. Achte auf den Verkehr, wenn du Fotos machst.
427 Troutman Street, thebushwickcollective.com, Metro L Jefferson St.

Ⓗ In New York, dem *concrete jungle*, gibt es viel Grün, zum Beispiel den wunderschönen **Brooklyn Botanic Garden**. Er wurde 1910 eröffnet und ist vor allem für seine vielen Kirschbäume bekannt. Auf der Website des Gartens kannst du genau

verfolgen, wann diese blühen (oft Ende April); dann wird ein traditionelles japanisches Sakura-Festival organisiert. Du kannst auch einen Spaziergang durch den japanischen Garten und mehrere Gewächshäuser mit tropischen Pflanzen machen.
990 Washington Avenue, bbg.org, siehe Website für Öffnungszeiten, Eintritt $ 18, Metro 2, 3 Eastern Parkway Brooklyn Museum, Metro B, Q, S Prospect Park

Ⓘ Als die Gartenarchitekten des Central Park gebeten wurden, auch einen Park für Brooklyn zu planen, entwarfen sie **Prospect Park**. An der Spitze liegt **Grand Army Plaza** mit dem Bogen *Soldiers & Sailors*, dem Eingang zum Park. An diesem Platz liegt auch die **Brooklyn Library**, gleich dahinter das Brooklyn Museum. Die **Flatbush Avenue** trennt den Prospect Park vom Brooklyn Botanical Garden. Es gibt an diesem Ort viel zu erleben.
Grand Army Plaza, nycgovparks.org, Metro 2, 3 Grand Army Plaza

Ⓙ **Red Hook** war das erste bewohnte Gebiet in Brooklyn und wurde wegen seines roten Lehmbodens *Roede Hoek* (Rote Ecke) genannt. Red Hook galt immer als das raueste Viertel Brooklyns und hier begann einst der Mafiaboss Al Capone seine kriminelle Karriere. Heutzutage ziehen mehr und mehr New Yorker in dieses Viertel: In diesem historischen Hafengebiet lässt es sich, abseits der Massen, gut leben. Du kannst an der Uferpromenade entlangschlendern, mit herrlichem Blick auf die Freiheitsstatue, oder in den Boutiquen auf der Van Brunt Street einkaufen.
Red Hook, Metro F, G Smith St., NYC Ferry nach Red Hook

Ⓚ Einst ein Hafengebiet mit umliegenden Lagerhäusern, ist **Industry City** in den letzten Jahren zu einem Mekka aus Geschäften, Restaurants und Ausstellungen geworden. Du läufst von Gebäude zu Gebäude und mittendrin liegen hübsch angelegte Parks und Cafés. Auf der Website findest du Infos zu spannenden Events.
220 36th Street, industrycity.com, tgl. 8.00–21.00 Uhr, Metro D, N, R 36th St.

Ⓛ Die Insel wurde einst Austerninsel genannt, bis sie in den Besitz von Samuel Ellis überging. Zwischen 1892 und 1954 kamen Millionen Einwanderer per Schiff auf **Ellis Island** an, von denen sich einige auf dieser Insel medizinischen Untersuchungen unterziehen mussten oder unter Quarantäne gestellt wurden, bevor sie an Land gehen durften. Die Gebäude sind immer noch für Besucher geöffnet und es werden interessante Ausstellungen über die Geschichte der Insel gezeigt.

Neben Ellis Island liegt Liberty Island mit der bekannten **Statue of Liberty**. Diese ikonische Statue wurde den Vereinigten Staaten von den Franzosen geschenkt, und 1885 kam die Statue in New York an. *Lady Liberty* war viele Jahre die Begrüßungsstatue für die vielen Einwanderer, die mit dem Schiff in New York ankamen. Zu den Inseln kommt man nur mit einem Kombiticket für die Freiheitsstatue und Ellis Island; kaufe die Tickets nicht bei einem Straßenhändler, sondern bei Statue Cruises (17 Battery Place). Wenn du das Innere der Statue besichtigen möchtest, musst du über die Website im Voraus ein Ticket buchen.
Ellis Island, statueofliberty.org, Kombiticket $ 23,50, Kombiticket inkl. Besuch des Sockels $ 24, Metro 4, 5 Bowling Green, Metro 1, R, W South Ferry

Ⓜ Nimm die Fähre nach **Governors Island**. Der niederländische Entdecker Adriaen Block nannte die Insel 1624 Noten Eylant, weil dort unzählige Nussbäume standen. Als die Briten New Amsterdam übernahmen, wurde die „Nussinsel" von den Gouverneuren der Stadt in Beschlag genommen und erhielt den Namen Governors Island. Die Insel diente zweihundert Jahre als Armeestützpunkt und ist inzwischen eine Touristenattraktion. Du kannst immer noch die ursprünglichen Gouverneursvillen besichtigen, einen Drink mit atemberaubender Aussicht genießen. Mit ihren rund 70 Hektar ist die Insel ideal zum Wandern oder zum Mieten eines Citi Bike.
10 South Street Slip, govisland.com, tgl. 7.00–18.00 Uhr, Metro R, W Whitehall St., Metro 1 South Ferry Station, Ferry 10 South St. nach Governors Island, NYC Ferry Pier 11 nach Governors Island

Ⓝ New York hat eine Reihe schöner Strände. Einige Strände sind kostenlos, für andere muss man wegen der anwesenden *lifeguards* bezahlen. Der große **Rockaway Beach** in Queens ist der einzige Strand in New York, an dem man surfen kann. **Long Beach** auf Long Island ist 5 Kilometer lang. Vom Bahnhof kannst du zu Fuß laufen. Einer der berühmtesten Strände ist **Coney Island Beach**, bekannt für den **Coney Island Luna Park** und die Weltmeisterschaften im Hot-Dog-Essen. Kleiner Tipp: Neben Coney Island liegt das etwas ruhigere **Brighton Beach**, ein ursprünglich russisches Viertel, das auch als Little Odessa bekannt ist.
Coney Island Luna Park, 1205 Riegelmann Boardwalk, coneyisland.com, Strand tgl. 10.00–18.00 Uhr, Metro D, F, N, Q bis Coney Island, Metro F, Q bis W 8th St. NY Aquarium

BROOKLYN
WYNWOOD
BROOKLYN

REGISTER

REGISTER

FREIZEITTIPPS

VERKEHR

IN GLEICHER REIHE

ISBN 978-3-7343-2021-7

ISBN 978-3-7343-1879-5

ISBN 978-3-7343-1996-9

ISBN 978-3-7343-2590-8

ISBN 978-3-7343-1878-8

ISBN 978-3-7343-1998-3

Happy time guide – mehr als ein Reiseführer!

Der happy time guide nimmt dich mit auf unterschiedliche Spaziergänge, auf denen du die Stadt in deinem eigenen Tempo entdeckst und den Lebensstil der Locals kennenlernst. Und das alles, ohne dich vorbereiten zu müssen! Alle Adressen sind persönliche Empfehlungen der Autoren, die in der Stadt leben. Mit inspirierenden Bildern und praktischen Ausklappkarten.

ISBN 978-3-7343-2579-3

BRUCKMANN

www.bruckmann.de

ERSCHIENEN

N 978-3-7343-2583-0

ISBN 978-3-7343-2581-6

ISBN 978-3-7343-2576-2

N 978-3-7343-2582-3

ISBN 978-3-7343-2580-9

ISBN 978-3-7343-1883-2

N 978-3-7343-2578-6

ISBN 978-3-7343-1999-0

ISBN 978-3-7343-2577-9

IMPRESSUM

© 2023, published by mo'media, Rotterdam. Die Originalausgabe mit dem Titel »time to momo NEW YORK« ist im April 2022 im Verlag mo'media erschienen.

This edition is published by Bruckmann Verlag GmbH
in cooperation with »time to momo«.
Autorin: Ingrid Schram
Fotos: Christina Zhang, Lauren Volo
Layout: Studio 100%, Oranje Vormgevers
Kartografie: Van Oort redactie en kartografie
Repro: Marcel Beijnsberger

DEUTSCHE AUSGABE
© 2023 Bruckmann Verlag GmbH,
Infanteriestraße 11a, 80797 München

Verantwortlich: Claudia Hohdorf
Übersetzung: Birgit van der Avoort
Redaktion: Susanne Maute
Korrektorat: Ralf J. Klumb | The Wordworms
Satz: mcp concept GmbH
Repro: LUDWIG:media
Herstellung: Alexander Knoll
Printed in Türkiye by Elma Basim

ISBN 978-3-7343-1877-1

★★★★★

Sind Sie mit diesem Titel zufrieden? Dann würden wir uns über Ihre Weiterempfehlung freuen. Erzählen Sie es im Freundeskreis, berichten Sie Ihrem Buchhändler, oder bewerten Sie bei Onlinekauf. Und wenn Sie Kritik, Korrekturen, Aktualisierungen haben, freuen wir uns über Ihre Nachricht an Bruckmann Verlag, Postfach 40 02 09, D-80702 München oder per E-Mail an lektorat@verlagshaus.de.

Unser komplettes Programm finden Sie unter www.bruckmann.de

In diesem Buch wird aus Gründen der besseren Lesbarkeit das generische Maskulinum verwendet. Weibliche und anderweitige Geschlechteridentitäten sind dabei ausdrücklich mitgemeint, soweit es für die Aussage erforderlich ist.

Die Deutsche Nationalbibliothek verzeichnet diese Publikation in der Deutschen Nationalbibliografie; detaillierte bibliografische Daten sind im Internet über http://dnb.d-nb.de abrufbar.